A BATALHA DOS PORTAIS

Flávio Penteado

A • BATALHA • DOS PORTAIS

NOVA SENDA

A BATALHA DOS PORTAIS

Revisão: *Luciana Papale*
Ilustração da capa: © *Deepindigo* | *Dreamstime.com*
Capa e diagramação: *Décio Lopes*

DADOS INTERNACIONAIS DE CATALOGAÇÃO DA PUBLICAÇÃO

Penteado, Flávio

A Batalha dos Portais/Flávio Penteado – 1ª edição – São Paulo – Editora Nova Senda – Verão de 2015.

Bibliografia.
ISBN 978-85-66819-05-2

1. Religião 2. Espiritismo I. Título.

EDITORA NOVA SENDA
Rua Jaboticabal, 698 – Vila Bertioga – São Paulo/SP
CEP 03188-001 | Tel. 11 2609-5787
contato@novasenda.com.br | www.novasenda.com.br

Sumário

Agradecimentos

Agradecer é complicado, pois é fato que sempre nos esquecemos de mencionar alguém. Então o melhor a fazer é agradecer à minha esposa que sempre esteve ao meu lado me apoiando em todos os momentos da minha vida adulta e me auxiliando na correção deste texto. Agradeço à minha filha que sempre me apoiou em meus projetos. Agradeço aos meus pais que me transformaram em um homem de bem.

Agradeço a todos os meus amigos que sempre me motivaram a escrever e não com menor importância, ao meu mentor espiritual que me auxiliou nesta obra, emanando energias positivas e alimentando minha criatividade.

O Começo do Fim

Armand tentava se recuperar do baque que sofrera. Sua cabeça doía muito e quando tentou abrir os olhos viu tudo girar ao seu redor, não conseguia ainda concatenar seus pensamentos e nem identificar onde estava. O choque havia sido tão grande que perdera noção de tempo e espaço. O chão era frio e a pouca luminosidade do ambiente lhe causava calafrios e um tremor em sua alma. Ouvia vozes, mas não compreendia o que diziam, era uma mistura de aramaico, esperanto ou alguma outra língua que desconhecia. Homens vestindo túnicas negras com capuzes conversavam na outra extremidade da sala. Sentia apenas que não estava em um lugar seguro. Na boca um gosto de sangue, seu corpo doía, parecia que havia sido atropelado por um trator, mas não conseguia lembrar-se de nada. Tentava unir forças para fixar sua visão e tentar descobrir onde poderia estar. Ameaçou levantar-se, mas seu corpo não respondia aos seus comandos, estava muito debilitado. Sem forças, tombou a cabeça e logo tudo voltou a ficar preto, tentou permanecer consciente, mas não conseguiria resistir por muito tempo. Aos poucos seus olhos iam se fechando lentamente, lutava desesperadamente para mantê-los abertos, sabia que se os fechasse poderia ser a última vez que faria isso. Não aguentou... seus olhos se fecharam. Tentava manter-se consciente para compreender o que os homens no outro canto da sala falavam, mas logo não ouvia mais nada. De repente, viu surgir à sua frente um clarão, e então, um filme começou a passar em sua tela mental.

Jaqueline

O DIA AMANHECIA e o sol já se mostrava com força, indicando que seria mais um daqueles quentes dias de verão na cidade do Rio de Janeiro. O vai e vem das pessoas nas ruas e o aumento gradativo do fluxo de carros, indicava que mais um dia de trabalho se iniciava. Ônibus lotados circulavam levando os passageiros aos seus destinos. Tudo normal quando se trata de uma metrópole.

No outro lado da cidade, mais precisamente no bairro da Barra da Tijuca, zona oeste da capital, Armand tentava levantar da cama. Era seu primeiro dia de férias depois de longos cinco anos sem folgas prolongadas. A dúvida tomava conta de seus pensamentos. Continuaria na cama e dormiria até não poder mais ou levantaria e aproveitaria o belo dia que se fazia lá fora? Apesar da preguiça resolveu se levantar, não queria perder tempo dormindo, iria aproveitar suas férias intensamente.

Como era de costume nos fins de semana, dirigiu-se até a varanda do seu apartamento que ficava de frente para o mar, abriu a porta de vidro, pisou no chão frio e se espreguiçou longamente, aproveitando a brisa marinha que lhe beijava o rosto. Ficou imóvel por alguns instantes apreciando àquela vista maravilhosa que o dia lhe proporcionava, o azul do mar se fundia em um azul límpido do céu, não permitindo divisar onde começava um e terminava o outro. A areia branca da praia já estava repleta de guarda-sóis ocupados por pessoas aproveitando o dia ensolarado. Era época de férias e com a chegada do final do ano a população da cidade parecia duplicar com tantos turistas do mundo inteiro e também brasileiros de todas as regiões que tinham o Rio de Janeiro como destino preferido nesse período. Além das praias, do calor e das belezas naturais, o espetáculo dos fogos de artifício de Copacabana atraía milhares de visitantes todos os anos.

Despertou de sua inércia diante daquela paisagem maravilhosa e resolveu que iria dar uma volta pela orla para aproveitar o seu primeiro dia de férias. Tomou um banho demorado para espantar todo sono e a preguiça que lhe acompanhava naquela manhã, foi à cozinha preparar seu desjejum e saiu para curtir o dia.

Armand era um homem com seus um metro e oitenta de altura, moreno claro, porém queimado de sol, cabelos castanhos bem aparados, olhos verdes, solteiro e com uma condição financeira que lhe permitiam alguns luxos, como a de ter um carro importado conversível novo na garagem. Bom partido para qualquer moça solteira à busca de um belo marido com estabilidade financeira. Além disso, Armand possuía uma qualidade que poucos conheciam: era uma pessoa espiritualizada e gostava de estudar sobre assuntos ligados ao mundo astral. Entretanto, ele não fazia parte de nenhuma congregação, não havia encontrado até então uma que lhe tocasse fundo ou gerasse uma química para que se tornasse um membro de alguma religião. Acreditava que para seguir uma doutrina religiosa, deveria ter uma empatia por ela, alguma coisa que mexesse com seus sentimentos, pois sempre acreditou que a fé deveria vir do coração e não da cabeça. Sua crença era de que poderia cultuar Deus em qualquer lugar sem necessariamente ter uma religião.

Passeava tranquilamente pela orla da praia da Barra da Tijuca, em seu carro conversível ouvindo uma música que combinava com aquela paisagem, quando algo fora do normal lhe chamou a atenção, alguma coisa não combinava com aquele cenário. Reduziu ainda mais a velocidade para confirmar o que havia avistado, mas quando se virou para identificar do que se tratava, não viu mais nada. Aquela imagem ficou em sua cabeça por alguns minutos, mas logo deixou de lado aquele pensamento e seguiu seu passeio, eram suas primeiras férias depois de longo tempo, não queria que nada lhe atrapalhasse, além do mais, aquilo que avistara poderia ser fruto de sua imaginação, ajudada pelo forte calor que fazia àquela hora. Mais alguns quilômetros pela orla, resolveu estacionar em um ponto onde não houvesse muito acúmulo de pessoas e pudesse aproveitar a praia que estava convidativa. Ali naquela região o movimento de banhista era menor, pois fugia um pouco dos centros de agito da galera mais jovem.

Armand posicionou sua cadeira de praia em um lugar estratégico, observou o mar e sentou-se para aproveitar o sol que aquele dia maravilhoso lhe propiciava. Pegou seu livro e aproveitou a manhã para relaxar com um bom romance.

Viajando em sua leitura, foi desperto com um toque de uma mão delicada em seu ombro.

– Oi! – disse a moça, com voz suave.

Armand levantou o olhar que estava fixo no livro para identificar quem havia lhe saudado. Era Jaqueline, uma amiga antiga dos tempos de faculdade.

– Jaqueline! Que surpresa te ver aqui!

Os dois se abraçaram e ficou nítida a alegria de ambos pelo reencontro.

– Quanto tempo! – falou Jaqueline.

– Desde o curso de magia e espiritualidade que fizemos – respondeu Armand.

Jaqueline fazia filosofia e sempre se mostrou muito interessada nas coisas do mundo astral, anjos e os porquês da vida. Fizeram juntos, cursos de magia e espiritualidade, numa época onde tudo era novidade ou curiosidades das coisas do além. Após concluir a faculdade que coincidiu com a conclusão dos cursos de magia ela se transferiu para a Europa para fazer sua pós-graduação e buscar novas experiências.

– É verdade. Época boa aquela – recordou a moça.

– Mas o que aconteceu nesses anos todos? Você não mandou mais notícias depois que se mudou para a Europa, até hoje não entendi o que te fez tomar esta atitude de ir para longe.

– Precisava de um tempo pra mim e acabei me escrevendo em um intercâmbio para fazer uma pós-graduação por lá. Usei isso para me desligar de tudo e focar na minha carreira e nos estudos.

Jaqueline e Armand haviam tido um romance, que acabou por interferências de amigos e pela imaturidade dos dois, o namoro terminou antes da formatura e desde então não se viram mais. Ela era uma moça bonita, com uma beleza diferente, não nos padrões tradicionais de revistas, com grandes seios e bunda volumosa, mas tinha um corpo perfeito, um grande charme e suavidade em suas palavras. Armand nunca a esquecera.

– E onde se fixou na Europa?

– Em Roma. Trabalho como pesquisadora para uma organização não governamental ligada a assuntos da vida e espiritualidade.

– Que interessante. Não tenho me aprofundado muito nos estudos, o trabalho tem me consumido muito tempo, mas sempre que posso pego um livro para não perder o contato com esta parte da vida.

– E você o que anda fazendo? – perguntou Jaqueline.

– Trabalho para o governo, em um setor ligado a segurança pública. E o que faz você aqui no Rio de Janeiro?

Armand havia se formado em Direito e logo após o término do curso, fez concurso para Polícia Federal e se tornara delegado, mas não gostava de falar sobre o assunto, pois sempre estivera envolvido com investigações sigilosas e não queria se expor, evitando assim qualquer tipo de represália ou de colocar algum amigo em perigo.

– Vim de férias, para fugir do frio e matar saudades da família e amigos, mas acabei aproveitando o tempo livre para colher informações para as minhas pesquisas que não param.

– E o que está achando desse calor?

– Parece que vim no verão errado, dizem que este é o mais quente dos últimos trinta anos.

– É verdade, para nós que estamos acostumados já está quente, imagina para as pessoas que vêm de fora.

– Estou sofrendo com tanto calor, não tenho nem vontade de sair de casa.

– O que acha de darmos um mergulho para refrescar e depois bebermos alguma coisa e colocar o papo em dia?

– Ótima pedida.

Devidamente refrescados, se sentaram em uma mesa de um quiosque no calçadão da praia, pediram suco e algo para comer e passaram a tarde contando sobre suas aventuras durante estes cinco anos, além de relembrarem o tempo que passaram juntos na época da faculdade.

Armand sentia que a amiga estava um pouco tensa, pois não desgrudava os olhos do celular e a todo o momento trocava mensagens, mas não tinha coragem de perguntar se estava acontecendo alguma coisa; a distância havia esfriado o relacionamento entre os dois. O tempo passou sem ser percebido e quando se deram conta, a noite já começava a dar o ar de sua graça. Resolveram então se despedirem e seguirem seus caminhos. Mas antes de partir, Armand muito intrigado com algumas atitudes da amiga, resolveu perguntar.

– Está acontecendo alguma coisa?

– Por que a pergunta?

– Senti você um pouco tensa durante o dia, ficou o tempo todo trocando mensagens com alguém. Deixou namorado na Itália?

– Estou bem, talvez seja porque ainda estou me ambientando com o fuso horário e com as férias. E quanto ao namorado, não tenho tempo livre para isso.

– Você tem certeza?

– Sim, fique tranquilo. Vamos embora?

– Vamos. O que acha de jantar comigo essa noite?

– Não posso, preciso enviar uns relatórios para Roma ainda hoje, mas podemos marcar para amanhã se você não se incomodar.

– Sem problema, eu passo às oito horas amanhã para te pegar. Você está na casa de seus pais?

– Sim, lembra aonde é?

– Claro.

– Então está combinado.

– Você veio de carro?

– Vim. Peguei o carro da mamãe emprestado para facilitar minha locomoção na cidade.

– Vamos?

– Sim. A gente se fala amanhã então!

– Até amanhã.

Armand pagou a conta e os dois se despediram. Ele foi para casa, ainda estava grilado com a aparência tensa da amiga, mas resolveu tirar de seus pensamentos aquela sensação, estava de férias e não queria bancar o detetive àquela hora.

Visita do Astral

De banho tomado e refeito do passeio, Armand foi à cozinha preparar algo para comer. Enquanto fazia um lanche leve, ligou a televisão para ver o jornal e se atualizar dos fatos do dia. Estava à mesa comendo, quando uma notícia lhe chamou a atenção. Um crime bárbaro tinha acontecido no subúrbio do Rio de Janeiro, onde um homem havia sido assassinado e seus olhos arrancados; esse era o terceiro crime desta proporção em menos de um mês. A polícia suspeitava que as atrocidades estivessem sendo realizadas por um grupo de extermínio, mas o que intrigava era que as vítimas eram moradores de rua e geralmente crimes desse tipo, não chegavam a ter dilaceração de corpos, na maioria dos casos, eram queimadas enquanto dormiam e acabavam morrendo. Aquela notícia lhe causou arrepios, resolveu desligar a televisão e terminar seu lanche, não queria que seus instintos policiais atrapalhassem suas férias. Tinha planos para noite, queria sair com amigos e tomar uma cerveja bem gelada, sem se preocupar com nada. A caminho do quarto para se arrumar, pegou o telefone sem fio e marcou com um grupo de amigos em um bar próximo de sua casa, assim não precisaria ir de carro e ficaria tranquilo para beber e relaxar um pouco, sem precisar dirigir depois.

Chegando ao local marcado, Armand cumprimentou algumas pessoas na entrada, pois era figurinha fácil naquele bar aos fins de semana, e se encaminhou até à mesa onde seus amigos já o esperavam.

– Que demora, parece uma noiva para se arrumar – brincou o amigo com Armand.

– Desculpe meu atraso, mas estou em ritmo de férias. Nada da habitual pressa do dia a dia.

Armand sentou-se em um lugar vago à mesa, chamou o garçom pelo nome, e pediu um chope estupidamente gelado e com pouco colarinho.

O papo transcorria bem, quando Armand sentiu um desconforto momentâneo, como se um vento encanado corresse toda sua espinha, passou o olhar pelo salão e notou que algo estava estranho, porém de início não encontrou nada que chamasse a atenção. A sensação estranha ainda persistia em fazer parte de seus pensamentos quando avistou no fundo do bar, um detalhe que não pertencia àquele cenário, não fazia parte da decoração nem do contexto daquele lugar frequentado por jovens empolgados em viver a vida a cada instante. Sabia que alguma coisa estava errada, pois o que via não era notado pelas outras pessoas, elas circulavam por lá sem notar àquela presença, como se não estivesse à mostra para todos, e se caso fosse visível, no mínimo causaria espanto e comentários dos mais diversos tipos, mas isso não acontecia. Armand não tinha o dom da vidência, então como só ele conseguia ver aquilo dentro do bar? Tentou chamar a atenção de alguns amigos, sem criar alarde, para ver se apenas ele tinha observado àquela aparição.

– Carlos, o que acha daquelas gatinhas ali no fundo? – Armand apontava em direção à visão para descobrir se alguém avistava a mesma coisa que ele.

– É furada meu amigo, aquelas meninas não gostam de meninos.

Armand simulou uma cara de espanto, com uma risada amarela, mas agora tinha certeza de que apenas ele via aquilo parado no fundo do salão. Não se aguentando de curiosidade, pois acreditava em um mundo espiritual e deduzia que aquela forma que lá estava não pertencia ao mundo físico, resolveu levantar e averiguar o que estava acontecendo. Simulou ir ao banheiro e se dirigiu até o fundo do bar. Chegando ao local onde ainda se encontrava parada aquela figura que destoava do ambiente, olhou para os lados, como quem procura por alguma coisa ou por algum olho que lhe vigiasse. Aproximou-se cuidadosamente do ser que via na sua frente e o cumprimentou.

– Boa noite! – disse Armand inseguro.

– Boa noite! Não precisa ficar apreensivo e nem com medo. Ninguém me vê além de vosmecê, e não vou lhe fazer mal.

– Quem é você?

– Podemos dizer que sou um "Ser" do astral e que não pertenço a este mundo.

– Que não pertence a este mundo eu já sei. O que faz aqui? – perguntou Armand percebendo que aquele estranho falava com sotaque das pessoas antigas.

– Preciso conversa com vosmecê.

– Não temos nada para conversar, nem lhe conheço.

– Mas eu conheço o fio muito bem e temos muito que falar. Vamos pra um lugar mais calmo?

– Não. Acabei de chegar, estou com amigos aqui e não sei o que possa ter de interessante que eu queira ouvir. Estou de férias e não quero que nada a atrapalhe.

O "Ser" voltou-se para Armand com olhar sereno, porém penetrante e continuou falando.

– Não seja assim tão duro. Estarei lhe esperando lá fora, não se demore.

Armand voltou seu olhar para onde estavam os amigos, para verificar se alguém notara alguma coisa anormal por ele estar falando sozinho e, ao voltar sua atenção para o "Ser", já não mais o viu. Procurou por todos os lados, mas não o encontrou. Meio atordoado com tudo aquilo, voltou à mesa e se sentou. Tomou de um gole só o chope que o garçom havia lhe trazido. Começou a ficar angustiado com o convite que o "Ser" havia lhe feito. Não sabia se esquecia daquele acontecimento ou iria ver o que aquele ancião tinha para lhe falar. Ele relutou alguns minutos com seus sentimentos e resolveu ir ao encontro do velho que o esperava do lado de fora do bar. Levantou-se e se despediu dos amigos, sua curiosidade gritava dentro do peito, queria saber o que um "Ser" do astral, com aquela aparência, queria com ele.

– Pessoal, surgiu um imprevisto e preciso ir.

– Mas você acabou de chegar, só bebeu um chope – falou Carlos com ar de espanto.

– Desculpem, mas realmente preciso ir.

– Algum problema? Podemos ajudar em alguma coisa?

Rafael não se conteve e fez um comentário malicioso.

– Provavelmente o nosso amigo garanhão já se arrumou e está deixando a gente no vácuo.

– Não é nada disso, Rafa. Realmente preciso resolver um problema de última hora, amanhã nos falamos e explico tudo melhor.

– Vai lá, meu camarada, a gente se fala. O que acha de pegarmos uma praia e jogar um futevôlei?

– Combinado, estarei por lá de manhã, no mesmo local de sempre.

Armand se despediu de seus amigos e caminhou em direção à porta de saída olhando para todos os lados do bar para ver se o tal "Ser" ainda estava naquele recinto.

Meio atordoado e com um misto de apreensão e temor, ganhou a calçada. No lado de fora do bar, avistou o "Ser" e caminhou em sua direção, ele lhe esperava pacientemente mais à frente.

– Como sabia que eu viria?

– Sabemos de muitas coisas. Seu racional gritava que queria ficar ou fugir desta situação, mas seu emocional, sua curiosidade lhe trouxe aqui para fora.

– O que de tão importante você tem para me falar.

– Calma meu fio, suncê saberá de tudo em breve.

O "Ser" do astral possuía uma roupagem fluídica de ancião, pele negra, roupas simples, uma bengala que parecia ter sido feita de um galho de árvore, porém com uma textura diferente de tudo que poderia existir no mundo material, e que lhe ajudava a caminhar, pois sua postura era curvada para frente como se sofresse de algum mal da coluna devido à idade avançada.

– Ok! – Armand respirou fundo, colocou seus pensamentos no lugar e começou a interrogar o ancião. – Muito bem! Quem é o senhor e o que quer de mim?

– Vamos procurar um lugar pra sentar e ficar mais à vontade, e explicarei tudo que precisa saber.

Armand acompanhou o velho até um banco no calçadão da praia, se acomodaram e o interrogatório voltou à pauta da conversa.

– Está bom aqui? Preciso de respostas, minha cabeça está a mil por hora, tentando adivinhar o que está acontecendo e se não estou ficando maluco em conversar com uma pessoa que só eu vejo. Já passei da fase de conversar com amigo invisível.

– O fio tá muito nervoso. Isso não faz bem nem pro seu corpo nem pra sua alma.

– Eu sei. Vou tentar me acalmar, assim que o senhor me falar alguma coisa.

– Bem fio, eu vou lhe explicar tudo. Sou um "Ser" de luz que habita o mundo espiritual e tenho como incumbência ajudar a meus irmãos desencarnados e encarnados mantendo o equilíbrio no mundo material, para que as forças do mal não se apoderem do bem mais precioso de Deus, que é o Ser humano. Utilizo esta roupagem fluídica de um preto-velho, pois além da densidade energética no mundo físico ser maior, foi a que escolhi pra passar aos encarnados a humildade e a serenidade que possuímos. Como espíritos, podemos escolher a forma que achamos mais conveniente pra nos mostrar no lado de cá do véu que divisa os dois mundos. Assim assumo a aparência, um pouco do jeito de falar e a sabedoria dos antigos, e é essa a minha missão.

– Esta parte eu compreendi. Como já deve ser do conhecimento de vocês, sou um estudioso em relação as coisas do mundo espiritual.

– Sim é por isso que estou aqui, para pedir sua ajuda em uma missão muito importante para os dois mundos.

Enquanto o velho espírito de luz falava, Armand tinha a fisionomia de quem não conseguia acompanhar o raciocínio, pois as informações ainda eram muito vagas. Por que um espírito de luz, com todos os poderes que possui, iria precisar da ajuda de um ser encarnado em uma missão importante?

– Que missão é essa e como eu posso ajudar?

– Vou lhe contar tudo para que o fio possa compreender e vê como pode colaborar.

Neste momento o velho espírito colocou a mão no bolso de sua calça e retirou um pequeno cachimbo de aparência rústica, do outro bolso pegou um punhado de fumo. Preparou seu cachimbo, e olhou para Armand com seu rosto singelo e sereno.

– O fio tem acendedor?

– Desculpe, mas não fumo.

– É verdade, havia esquecido que o fio cultua as coisas da saúde e do corpo.

O ancião então estala os dedos e faz surgir na ponta de seu indicador, uma chama de cor azulada, com a qual acende seu cachimbo causando espanto a Armand. O velho espírito dá uma tragada longa para atiçar o fumo, solta a fumaça e logo em seguida repete o gesto. A fumaça expelida cria formas diversas no ar, liberando energia e criando um campo energético em volta dos dois.

Armand acompanhando a cena, não se conteve.

– Se o senhor sabe que o fumo faz mal e, pelo que estudei, esses hábitos ou vícios não fazem parte da vida no astral, por que ainda traz consigo este mau hábito?

– O fio está certo. Não levamos nossos vícios para o mundo espiritual em dimensões superiores, porém utilizamos estes elementos para trabalhar com a magia. Liberando a fumaça que puxei de meu cachimbo, criei um campo energético entorno de nós, evitando assim que algum espírito zombeteiro tente nos atacar pra se apropriar de nossas energias e também para impedir que nossa conversa seja escutada por espíritos das sombras.

– Corremos algum perigo? Estamos sendo vigiados?

– Perigos sempre ocorrerão quando não vigiarem seus pensamentos e atitudes, pois os espíritos trevosos sempre tão a espreita aguardando uma oportunidade pra se aproximar e sugar vossas energias, é só darem chance. Por isso que uma das regras que usamos muito e tentamos passar aos nossos irmãos encarnados é "Orai e Vigiai", e isso serve não só pra nossos pensamentos, mas também pra nossos atos. Muitos dizem que Deus nos cobra muito, que Deus é cruel, que é isso ou aquilo, mas na realidade esta preocupação toda é pra os fios Dele não caírem em mãos erradas, ou seja, obsidiados por espíritos que querem prejudicar a mais bela criação divina, o "Ser" humano, impedindo vossa evolução. Quanto a gente ta sendo espionado, isso provavelmente deve ocorrer, principalmente porque estamos combatendo o mal e isso incomoda muito a eles.

– Mas quem são eles?

– Acalme-se, vou lhe contar tudo, assim compreenderá melhor.

Naquela calma peculiar o velho espírito dá mais uma pitada em seu cachimbo, olha para o céu, dando assim tempo para Armand assimilar tudo que havia dito, e prossegue.

– O fio já prestou atenção neste céu estrelado? Como é maravilhosa esta paisagem, onde o azul do céu se funde com o do mar e o brilho das estrelas se funde com as luzes da cidade, criando uma visão harmoniosa?

– Sempre quando tenho oportunidade paro para apreciar este céu maravilhoso.

– Vou lhe contar o que está acontecendo – disse o ancião com olhar profundo. – Milhões de anos atrás, um anjo foi expulso do Céu por ter acreditado que poderia tomar o lugar de Deus, esta história deve ser de seu conhecimento, desde então ele tenta de toda maneira tomar o lugar do Criador e com isso transformar os fios de Deus em seus adoradores, mostrando a Ele quem tem mais poder. Pra realizar esse feito, o Anjo Caído junto com sua legião de anjos expulsos, recrutaram espíritos trevosos, magos negros e outros seres inescrupulosos e sem ética, que pudessem ajudá-lo a alcançar seu objetivo, e assim, ressurgir no mundo material, como o novo líder dos encarnados e trazer com isso, o caos e a destruição. Pois quando foi expulso pra dimensões inferiores, foi proibido por Deus de retornar ao mundo físico. Porém, se for dado permissão a ele pelos encarnados, nada poderemos fazer.

– Mas, como nada podem fazer?

– Não podemos, pois Deus deu aos humanos o livre arbítrio e não temos autorização de ir contra a uma determinação Divina.

– Mas esta é uma responsabilidade muito grande para os seres humanos, principalmente àqueles que não sabem destas informações.

– Por isso estamos sempre vigilantes quanto aos pensamentos e atitudes dos encarnados, tentando guiá-los nas sendas do bem e evitando que uma catástrofe maior aconteça.

– E o que o Anjo Caído tem feito para atingir seu objetivo?

– Ele vem arrebanhando aqueles que se distanciaram de Deus por diversos motivos: sentimentos desequilibrados, atitudes desregradas, aumento do ego e outros tantos mais que fazem os encarnados se afastarem de seu Criador e se ligarem a espíritos afins.

– Mas não podemos fazer nada para mostrar a eles, que estão seguindo no caminho errado e colocando em risco toda uma população?

– Fazemos tudo que está ao nosso alcance, mas não podemos interferir em suas decisões, apenas indicar o caminho. Cada um faz a sua escolha.

– E em que eu posso ajudar para evitar este mal, que pelo visto não está longe de acontecer?

– Nosso tempo é realmente curto e precisamos agir rápido antes que seja inevitável e o astral tenha que tomar ações drásticas pra manter a ordem e o equilíbrio.

– O que seriam ações drásticas?

– Adiantaríamos nosso cronograma de evolução e teríamos que adiantar o juízo final, onde muitos desencarnados e encarnados sofreriam com a prestação de contas, sem tempo de arrependimento e resgate da espiritualidade.

– Isso seria terrível. Mas ainda não sei onde poderia me encaixar neste contexto, pois como já conversamos não faço parte de nenhuma congregação religiosa e meu poder de persuasão não é um dos melhores. Nem que saísse de porta em porta tentando a conversão de algumas pessoas, não conseguiria o sucesso necessário.

– Não esperamos isso do fio, sua ajuda será de grande valia para nossos planos de contra-ataque.

– E posso saber quais são estes planos?

– Pode fio. Vou explicar o que tem acontecido e acharemos uma solução em conjunto. Como lhe disse anteriormente, o Anjo Caído tenta de toda maneira retornar ao mundo material e se apossar de tudo, e de todos os encarnados também, ou melhor, de suas almas. Para que consigam este feito, as trevas têm realizado certos trabalhos. Abriram pequenos portais, com a finalidade de captar energia para um portal maior, podendo assim, trazer o Anjo Caído para essa dimensão. Com a vinda dele, junto virá toda sua horda, e assim o caos estará instaurado, os anjos chefiados por Miguel e Gabriel, além de outros generais celestiais, invadirão o mundo físico para combater o mal, sem medirem esforços, e isso terá consequências desastrosas pros encarnados, pois acabarão sendo atingidos por esta guerra espiritual que se arrasta por milênios e não tem previsão de acabar, principalmente porque não há luz sem trevas, mas precisamos manter o equilíbrio pra que a vida flua com mais tranquilidade e harmonia.

– E por que o astral não destruiu esses portais?

– Porque eles foram abertos inconscientemente por encarnados ludibriados pelos trevosos em troca de poder e riqueza. Um poder ilusório, meu fio, que aguçou a ganância nessas pessoas, que poderiam aumentar seus lucros através de uma falsa mediunidade e uma vidência sem ética, se aproveitando de seus irmãos encarnados sofredores e dispostos a tudo para alcançarem uma felicidade irreal, pois a verdadeira paz está dentro de cada um, apenas precisam compreendê-la e a externarem. E como os portais foram abertos por seres humanos encarnados, e estes possuem o livre arbítrio, não podemos fazer nada. Estes portais estão carregados de energia vital, que só os encarnados possuem. E energia vital só pode ser combatida com energia vital.

– De irracionais os trevosos não possuem nada, este é um plano diabólico com uso literal da palavra.

– Os encarnados acham que os trevosos são seres atrasados, desorganizados e frágeis às forças do bem. Doce ilusão. As trevas possuem grande poder e inteligência. Muitos espíritos de intelectuais, generais, físicos, matemáticos e tantos outros foram arrebanhados pelas trevas devido as suas atitudes devassas, sem éticas e devastadoras para a população mundial quando encarnados.

Armand na sabia o que falar, seus pensamentos estavam fervilhando e sua cabeça rodava diante de tudo que ouvia. Ele percebia o esforço do velho para usar as palavras da época atual, misturando assim, um linguajar das fazendas antigas do tempo de senzala, com a língua moderna.

O velho espírito fez uma pausa, deu mais uma pitada em seu cachimbo, reforçando o campo energético em volta dos dois e, dando tempo para Armand assimilar tudo o que lhe fora dito, continuou.

– O que sabemos destes portais é que foram abertos nesta cidade, porém não temos como rastreá-los, pois estão usando uma energia de densidade muito grande e nem nossos guardiões conseguem detectá-los, estão utilizando alguns artifícios que não deixam rastros, por isso teremos que descobrir onde eles tão pelo método convencional: procurando. – O velho parou novamente para Armand absorver o que foi dito e, em seguida revelou – Sabemos que cinco portais menores e devidamente posicionados foram abertos e estão sendo energizados para que possam no momento que atingirem seu ápice de energia, transferi-la para um portal maior, o principal, por onde o Anjo Caído virá para esta dimensão junto com seu exército trevoso. Outra informação que obtivemos é de que estes portais menores estão abertos e a cada dia que passa sua energia aumenta, e é questão de tempo para que atinjam o nível necessário, pois a energia negativa emanada por encarnados desequilibrados têm alimentado estes acessos. Os portais menores foram construídos como catalisadores de energia negativa liberada pelo ser humano encarnado e, a cada dia que passa, menos tempo se tem para agir. Precisamos destruir estas entradas menores, desarticulando os trevosos e por fim eliminar o portal principal pra que não possam reconstruí-lo. Sabemos que isso não será o fim desta guerra, mas conseguiremos impedir mais esta investida.

– Quanto tempo nós ainda temos, até que esses portais alcancem sua carga máxima e possa emanar energia para que o portal principal se abra?

– Não muito, temos que agir rápido.

– E como posso ajudar, meu conhecimento é teórico e não trabalho o lado espiritual há muito tempo.

– Primeiro terá que localizar os portais menores e, na hora certa suncê saberá o que fazer. Temos fé que seus conhecimentos o levarão a descobri-los.

– E como saberei que é o momento certo?

O dia começava a clarear quando o espírito de luz deu por encerrada a conversa.

– Vosmecê saberá. Por enquanto paramos por aqui, o sol já irá surgir e esse local estará repleto de gente, além do mais o fio precisa descansar para repor suas energias.

– Mas preciso de mais informações.

– Tudo em seu tempo.

O velho espírito de luz levantou-se e se despediu de Armand, plasmando para o mundo espiritual antes que ele continuasse suas indagações.

Sozinho na praia Armand caminhou pelo calçadão em direção à sua casa. Não tinha certeza de que conseguiria dormir, sua cabeça fervilhava de tantas informações e preocupações referentes ao que acontecia no mundo e sabia que muitos nem se davam conta do perigo eminente.

Entrando em casa decidiu tomar um banho para relaxar e tentar depois dormir um pouco. Deitado na cama, ficou por um tempo remoendo tudo que viu e ouviu naquela noite e quando o sol já estava dando boas vindas a mais um dia que começava, conseguiu enfim pegar no sono.

No Covil do Inimigo

NÃO DEMOROU MUITO e Armand se viu acordado em seu quarto em pé diante do espírito de luz.

– O que o senhor faz aqui em meu quarto?

– Vim buscar o fio para um passeio que ajudará a esclarecer muitas coisas.

– Mas eu acabei de deitar, preciso descansar um pouco.

– O fio tá dormindo, nossa conversa está ocorrendo no plano astral. Toda vez que um encarnado adormece seu espírito se liberta deste invólucro que é o corpo físico e realiza tarefas no astral, porém são poucos os encarnados que conseguem se lembrar deste processo que chamamos de desdobramento. Enquanto seu corpo descansa seu espírito tá acordado, o fio se encontra em desdobramento neste momento.

Armand meio atordoado com o que presenciava olhou para cama e viu seu corpo inerte, conferiu seus sinais vitais e constatou que estava vivo, por um instante achou que havia morrido.

– Eu já tinha lido sobre desdobramento, mas nunca participei de um processo deste com tanta lucidez. Aonde o senhor vai me levar?

– Este momento é especial, precisamos que se lembre do que vai ver e ouvir, tudo que aprender aqui, será de grande valia para sua missão. Preciso agora que relaxe, pois na vibração que se encontra não conseguiremos atingir nosso objetivo.

Dito isto o velho tocou suavemente na testa de Armand conseguindo estabilizá-lo emocionalmente.

– Assim está melhor, podemos ir?

– Acredito que estou mais tranquilo agora, mas o que fez?

– Equilibrei sua energia tocando seu chacra frontal.

– Interessante isso, eu tenho que me aprofundar neste assunto, me fará bem no dia a dia.

– Preciso lhe dizer algumas coisas muito importantes antes de irmos, pois será de suma relevância em nosso passeio. – Em seguida orientou com cautela – Nunca olhe direto nos olhos das pessoas com as quais conversaremos, só ouça o que eles falarem; tudo que for para ser dito eu que direi. Por último, preciso que use isto.

Como num passe de mágica, o espírito de luz fez surgir diante dos dois, uma túnica preta com um capuz.

– Isso irá lhe proteger das vibrações densas e de energias nocivas do ambiente aonde iremos.

Armand não questionou a ordem, consentiu com a cabeça e vestiu de imediato a túnica preta. Ao terminar de se vestir, o velho pegou sua mão e os dois plasmaram para fora do quarto.

Quando Armand se deu conta, os dois se encontravam em um cemitério na periferia da cidade, a noite estava clara e a lua iluminava a paisagem macabra que se desenhava diante de seus olhos.

– Onde estamos? Por que aqui ainda é noite, se quando me deitei o dia já estava clareando?

– Estamos em um campo santo, mais conhecido pelos encarnados como cemitério, e o tempo no mundo astral é diferente do mundo material, aqui ainda não amanheceu.

– E o que viemos fazer em um cemitério? Não acho um dos melhores lugares para se passear, principalmente de noite.

– Fique tranquilo fio, em breve vosmecê entenderá tudo.

Após concluir sua frase, eles avistaram dois personagens que se destacavam naquele ambiente devido à luminosidade que traziam junto a seus corpos astrais. Aquilo chamou muito a atenção de Armand e o deixou apreensivo com o que via.

– Quem são aqueles? – perguntou preocupado.

A visão que Armand tinha era de um cavaleiro com uma armadura prateada reluzente que carregava em um dos braços um escudo com uma linda cruz em alto relevo na frente, a mesma que tinha no peito de sua armadura, na cintura uma longa espada que liberava luz com grande força energética. Ao lado do cavaleiro se encontrava um andarilho, que trajava uma vestimenta de palha e um capacete do mesmo material que possuía franjas em todo seu contorno e iam até seus pés. Em uma das mãos um cajado que ao tocar o solo fazia surgir fagulhas de energia. Armand ainda conseguiu verificar enquanto os dois se encaminhavam de encontro ao velho espírito, que no balançar das franjas do capacete do andarilho, filetes de uma luz muito intensa se projetavam de dentro para fora.

Quando se deu conta, o espírito de luz havia deixado Armand para trás e foi ao encontro dos dois seres, que parecia não pertencerem ao mundo físico. Conversaram por alguns instantes e o velho retornou em direção a Armand enquanto os outros sumiam ao longo do cemitério.

Chegando próximo do espírito de luz, Armand não se conteve com as perguntas, tudo era muito novo para ele, era surreal.

– Desculpe a minha curiosidade, mas quem eram aqueles?

– Os dois maiores guardiões do campo santo. O cavaleiro é Ogum Megê, um espírito de grande grau evolutivo que rege a proteção do campo santo com seus soldados e generais, contra espíritos vampirizadores, que tentam roubar a energia de espíritos recém-desencarnados que ainda não estão equilibrados, e com isso, acabam por escravizá-los. É também grande doutrinador daqueles que ainda não conseguiram seguir para as estâncias de recuperação em outra dimensão – explicou o velho a Armand. – E o andarilho é Obaluaê, outro ser de amplo grau evolutivo que além de comandar seu exército na proteção do campo santo, também auxilia na passagem dos espíritos que estão desencarnando, para que possam encontrar seus caminhos.

– Se são espíritos de grande grau evolutivo, por que não estão em dimensões superiores coordenando seus exércitos de um lugar mais agradável? – perguntou intrigado.

– Isso se chama humildade e entrega integral pela missão que lhe foi concedida por nosso Pai. Por isso são seres de alto grau evolutivo.

Armand não respondeu nada, sentiu um pouco de vergonha pelo que havia perguntado, pois estudara bastante sobre a humildade e caridade dos espíritos elevados e naquele momento não soube aproveitar o conhecimento.

– Vamos, nosso guia já nos aguarda no lugar marcado – chamou o espírito de luz já se dirigindo ao local destinado.

Os dois caminharam até o Cruzeiro do cemitério e, quando já estavam chegando, avistaram um homem alto, com uma longa capa preta e com um capuz que lhe cobria quase todo o rosto. Em sua cintura, de um lado uma grande espada, parecida com aquelas que vemos em filmes de época, onde os bárbaros usavam para atacar seus inimigos, do outro, um chicote enrolado preso a um cinturão grosso que sustentava também a espada. Ao se aproximarem da estranha figura, esta se curvou diante do velho espírito em forma de saudação. Logo de imediato Armand se lembrou de que o ancião havia lhe dito para nunca olhar diretamente nos olhos de quem encontrassem.

– Salve meu amigo – disse o velho espírito de luz.

– Salve meu senhor – respondeu o ser estranho que os esperava no Cruzeiro. – Posso lhe falar em particular antes de partirmos?

– Claro meu fio. Podemos falar aqui mesmo, ele não nos escutará.

Armand sentiu repentinamente um estranho silêncio, porém via que os dois espíritos conversavam, chegou achar por alguns instantes que tivesse ficado surdo e achou que pudesse ser devido ao fato de estar em desdobramento.

– O senhor acha realmente necessária essa nossa visita? Pode ser perigoso, inclusive se seu acompanhante não conseguir controlar suas emoções. Podemos por tudo a perder.

– Fique tranquilo Guardião, ele está preparado e não podemos agir por impulso, temos que ser cautelosos.

– Seria muito mais rápido se resolvêssemos isso do nosso jeito.

– Seria perigoso, principalmente para os encarnados.

– Já que tem que ser desta forma. Vamos então meu senhor. Meus soldados estão posicionados em lugares estratégicos para garantir nossa segurança se algo acontecer.

– Vamos. – O velho fez um movimento e Armand de repente voltou a escutar os poucos barulhos ao seu redor. Se precavendo, o espírito de luz que acompanhava Armand deu as últimas recomendações. – Lembre-se do que conversamos, mantenha sua serenidade e suas emoções bem equilibradas.

– Pode deixar, estou preparado. Não vou decepcioná-lo.

– Se sentir que não irá suportar, toque o meu braço que plasmamos imediatamente dali.

– Sim senhor – concordou Armand.

– Vamos, o portal está se abrindo, precisamos partir – disse o Guardião aos dois.

Neste momento, bem diante da cruz do Cruzeiro do cemitério, um portal se abriu e todos o atravessaram, Armand ainda estava estarrecido com toda a magia que havia presenciado naquela viagem astral.

O lugar realmente era diferente de tudo que havia visto em toda sua vida. O ambiente era escuro e úmido, um cheiro forte tornava o lugar marcante. Um enorme corredor se projetava à frente de Armand e, à medida que caminhavam, ia se estreitando até chegar a uma porta. A única iluminação existente no corredor eram algumas lamparinas que mal iluminavam o ambiente, o cheiro ia se intensificando conforme iam se aproximando da entrada no final do corredor. Após a porta uma enorme escada se desenhava para baixo, as paredes eram de um material estranho, um tipo de argila vermelha misturadas com pedras cobertas por limo, a umidade do local era alta e fazia com que um líquido de coloração esverdeado vertesse de suas entranhas. Ao passo que iam descendo a energia se tornava mais densa, dificultando a respiração de Armand. Sussurros, gemidos e gritos eram ouvidos por trás da parede, parecia que esta tinha vida e trazia emoções muito conflitantes, um misto de revolta, desespero, ódio, possessão. Armand tentava controlar seus pensamentos para não ser atingido por aqueles sentimentos fortes que sentia durante a descida. A iluminação do caminho era irregular, com um misto de claridades e penumbra, após algum tempo percorrendo a enorme escadaria, burburinhos eram ouvidos por aquela expedição, tudo indicava que estavam próximos de seus destinos. Parecia que uma multidão falava ao mesmo tempo. Após mais um período de caminhada, chegaram ao seu destino: um salão enorme. Ali a luz era fraca, o cheiro muito mais forte e intenso, e a energia muito mais densa, quase sufocante. A umidade do ambiente era de tal intensidade que uma pequena camada de líquido vertia do chão e das paredes, um fluido viscoso e de coloração esverdeada igual ao observado nas paredes que circundávamos degraus. Dentro do grande salão uma multidão de seres horrendos, de aparência assustadora, lotava o ambiente. Armand estava apreensivo, controlava suas emoções ao máximo para não por tudo a perder. O burburinho que ouvira durante a descida vinha deste lugar, parecia que todos falavam ao mesmo tempo, hora ou outra uma gargalhada ecoava dentro do salão, alguns rosnavam e até mesmo agressões verbais ocorriam naquele antro.

Sentindo que Armand poderia sucumbir a qualquer momento, o velho espírito lhe tocou na testa de novo, e com um passe energético conseguiu acalmar o turbilhão de emoções que estava em ebulição dentro do jovem, prestes a explodir.

Logo um silêncio absurdo se fez no grande salão, como se alguma magia muito forte fizesse aquela multidão silenciar. Ao fundo, uma enorme porta se abriu, parecia ter sido comandada energeticamente, pois nada a tocara, e de dentro dela, uma visão assustadora se projetou: um ser de aproximadamente três metros de altura, uma mistura de homem com pernas de cavalo. Uma longa capa vermelha cobria as costas daquela terrível figura, de sua testa saíam dois chifres enormes que faziam voltas ao lado de sua cabeça, deixando a figura ainda mais aterrorizante. Aquele ser assustador se dirigiu a uma cadeira que mais se assemelhava a um trono, parou diante dele, se virou para multidão e começou a discursar. A cada frase que o ser monstruoso pronunciava a multidão ia ao delírio. Parecia que estávamos diante de um ser poderoso naquele submundo astral.

– Seus vermes, nossa hora está bem próxima, precisamos intensificar nossas ações contra os encarnados. Precisamos aumentar nossos esforços, para que o portal principal seja aberto e junto com o nosso mestre, possamos tomar o que é nosso de direito.

Após terminar estas palavras, a multidão se alvoroçou de tal maneira, que alguns trevosos se agrediam de contentamento; modo estranho de externar a alegria, mas ali nada era normal. Estavam diante de um provável general das forças do Anjo Caído.

Mais uma vez se fez silêncio no salão e a besta fera tornou a falar.

– Não vamos admitir erros, daqui pra frente, tudo deverá ser conduzido da melhor maneira e com mais agilidade, se falharem, pagarão com o extermínio de suas miseráveis existências, seus inúteis – vociferou aquele ser desprezível continuando com o discurso. – Agora, se cumprirem com seus deveres, terão o orgulho de marchar ao lado de nosso mestre e completar nossa vingança contra aquele que nos jogou aqui, nesta profundeza fétida deste planeta.

A multidão novamente se alvoroçava, o barulho se tornava ensurdecedor, não se compreendia mais nada do que era dito no salão.

Estava na hora de partirem, já possuíam informações necessárias para começarem a agir.

Armand observava tudo compenetrado, parecia estar em transe, quando sentiu uma mão tocar o seu braço, despertou de seus pensamentos e assustado olhou para trás.

– Vamos, precisamos voltar. Já ouvimos tudo que precisávamos.

Os três foram se esgueirando entre os seres trevosos e se dirigiram à porta. Aproveitaram o alvoroço que faziam para deixarem o salão. Subiram a escadaria que levava à saída daquele ambiente em silêncio, nada fora dito durante toda a subida.

Ao chegarem ao corredor que dava acesso ao portal que os levaria para fora dali, se depararam com um grupo de quatro soldados trevosos, Armand estava tenso diante daquela situação.

– Aonde pensam que vão? A reunião ainda não acabou. O general não admite que ninguém saia antes dele terminar de falar.

O Guardião se antecipou a Armand e o velho espírito e falou.

– Já ouvimos o que precisávamos, vamos voltar ao trabalho, o general falou que temos que nos apressar.

Desconfiado, o chefe daquele grupo sentiu que algo estava errado, sentiu que alguém vibrava em uma energia de tensão, começou então a farejar de quem era aquela carga energética que se externava em um odor típico de medo.

– Alguma coisa está estranha aqui... vocês não são...

Antes mesmo dele completar a frase, o Guardião tirou sua espada da bainha e, com um único golpe, decapitou o chefe daquela guarnição. Com o intuito de evitar que a cabeça decapitada caísse ao chão e rolasse escada abaixo chamando a atenção da grande massa de trevosos, pegou-a no ar e com muita agilidade já cravou a espada em outro soldado. Em seguida chegaram os guerreiros que faziam parte de sua legião e dizimaram o grupo inimigo.

– Vamos embora rápido antes que outros apareçam, meus soldados cuidarão desses pobres coitados.

Os três apressaram o passo para chegar ao portal antes que qualquer alarme fosse acionado e um exército de trevosos aparecesse para aniquilá-los.

De volta ao Cruzeiro e fora de perigo, agradeceram ao Guardião e se despediram. Armand e o velho espírito seguiram pelas vielas do cemitério, para daí então plasmarem no quarto de Armand.

Já em sua casa Armand disparou uma lista de questionamento ao ancião.

– Que lugar era aquele? Quem são aqueles monstros?

Antes que Armand continuasse o interrogatório, o velho o interrompeu.

– Chega de perguntas, o fio precisa voltar ao seu corpo. Permitirei que amanhã se lembre de tudo e possa analisar o que viu com mais calma.

– Mas não vou conseguir dormir, minha cabeça está quente de tanta informação.

– Fica tranquilo, o fio já está dormindo, só vai voltar ao seu corpo. Em breve volto pra falar com fio de novo.

Após terminar sua frase e antes que Armand começasse a falar o velho tocou em sua testa e automaticamente ele voltou para seu corpo, despertando como se tivesse saindo de um pesadelo. Imediatamente o velho espírito lhe deu um passe energético para que se acalmasse e voltasse a descansar. Tudo em ordem com seu protegido, o ancião plasmou para o mundo espiritual, deixando Armand descansando em seu corpo carnal.

Jantar com Jaqueline

Eram quase quatro horas da tarde quando Armand se levantou. Meio tonto de sono, se dirigiu para o banheiro e resolveu tomar um banho para acordar e esfriar um pouco a cabeça, pois a noite anterior havia sido de muitas revelações e surpresas que jamais sairiam de sua lembrança.

Devidamente acordado e recuperado, foi à cozinha; os eventos da noite passada lhe deixaram com muita fome. Enquanto comia seu lanche, começou a colocar sua cabeça de policial para funcionar e tentar encaixar algumas peças deste quebra-cabeça que havia surgido em sua vida. Sabia que precisava agir rápido, mas não sabia por onde começar. Viajava em seus pensamentos quando foi despertado pelo toque do telefone.

– Alô – disse com a voz ainda um pouco sonolenta.

– Armand? É a Jaqueline. Tudo bem com você?

Armand havia esquecido completamente do jantar com Jaqueline. Olhou para o relógio na parede e ficou aliviado ao saber que não havia furado com a amiga.

– Oi, Jaqueline. Tudo ótimo. Não diga que me ligou para desmarcar nosso jantar?

– Não. Só liguei para confirmar o horário e perguntar se realmente sabe chegar aqui.

– Nosso horário é as oito, né?

– Foi isso que combinamos.

– Você está na casa da sua mãe, não é isso?

– Sim, você lembra mesmo onde é?

– Pelo que lembro, fica na Tijuca, próxima ao Tênis Clube certo?

– É, você não esqueceu mesmo.

– Algumas lembranças não são removidas de nossas mentes.

– Você está bem?

– Estou com um pouco de dor de cabeça, mas já tomei um remédio.

– Quer deixar para outro dia o nosso passeio?

– Por quê? Não quer mais sair comigo?

– Não, apenas pensei que por causa da dor de cabeça...

– Não se preocupe, daqui a pouco estarei bem.

– Ok então! Estarei te esperando às oito horas.

– Combinado, nos falamos logo mais.

– Beijo.

– Outro pra você.

Armand desligou o telefone e voltou a se concentrar em sua missão e em como faria para tentar descobrir a localização exata de cada portal. Não iria poder usar as ferramentas da polícia, pois além de estar de férias, não saberia como explicar para seus colegas de trabalho, que ele precisava destruir os tais portais para evitar que o caos fosse instaurado e uma catástrofe maior acontecesse, mas sabia que sozinho não conseguiria. Foi então que se lembrou de um velho amigo da época da faculdade, seu professor do curso de magia e espiritualidade. Na época, ele tornou-se seu amigo e mantiveram contato até Joaquim resolver se mudar para o interior do estado, pois queria mais tranquilidade; a cidade do Rio de Janeiro estava muito violenta e freneticamente caótica. Armand não tinha seu endereço, nem seu telefone, Joaquim dissera que quando se mudasse iria abandonar a tecnologia, precisava de um tempo de reclusão, mas sabia que o amigo era adepto a caridade, principalmente se falando da espiritualidade, e sabia o nome da cidadezinha. Não seria difícil encontrá-lo, afinal de contas era um delegado de polícia. Armand foi ao computador e pesquisou sobre a cidade em que Joaquim estava morando, verificou a quilometragem e as vias de acesso. Estava determinado a procurar o amigo no dia seguinte. Só não iria imediatamente porque havia marcado de jantar com Jaqueline.

Olhou para o relógio, já estava na hora de começar a se arrumar para sair, não queria chegar atrasado ao seu encontro com a amiga.

Diante da casa de Jaqueline, com um buquê de flores na mão, Armand tocou a campainha. Um senhor grisalho de aproximadamente cinquenta e cinco anos, atendeu.

– Boa noite! A Jaqueline está?

– Sim. Você quem é?

– Sou Armand um antigo amigo de faculdade.

– Só um minuto vou chamá-la.

– Obrigado. – Armand percebeu que o pai de Jaqueline não o reconheceu, porém preferiu não mencionar o fato.

Em seguida surge Jaqueline: que mulher deslumbrante! Não era uma daquelas belezas enlatadas, com peitões, bundões e vestido mais justo que as leis divinas. Ela possuía um charme próprio. Cabelos longos, castanhos escuros, olhos verdes, pele branca. Os óculos de armação escura realçavam seus olhos e ao rosto dava um ar mais intelectual. Armand parecia hipnotizado por aquela visão.

– Boa noite!

– Boa noite! Você está linda! – Armand continuava com a famosa cara de paisagem.

– São pra mim?

– Sim. Claro, são para você.

– Muito obrigada, são lindas. Você me aguarda enquanto as coloco em um vaso?

– Sim. Estarei aqui esperando.

Diante de tanta beleza, Armand não conseguia construir nem uma frase sensata.

– Vamos?

– Sim.

– E aonde vai me levar?

Já refeito Armand entrou no carro e seguiram em direção ao local que havia planejado levá-la.

– Vamos a um restaurante de comida japonesa em Ipanema. Você gosta?

– Adoro comida japonesa.

Durante todo o percurso, conversaram sobre amenidades e lembranças da época de faculdade e dos cursos que fizeram juntos.

Chegando ao restaurante, Armand se encaminhou até a recepcionista que os acompanhou à mesa que já estava reservada. Conversaram durante todo o jantar, vez ou outra, a conversa era interrompida pelo toque de recebimento de mensagem do celular de Jaqueline. Mas isso não impediu que relembrassem os bons tempos do passado.

Armand como bom policial sentia uma sensação estranha na fisionomia de sua amiga, às vezes ela parecia conversar sobre um assunto, mas focada em outras coisas que lhe tirava a concentração e parecia deixá-la um pouco tensa. Armand não se conteve e tentou mais uma investida contra a amiga.

– Desculpe eu perguntar de novo, mas sinto que alguma coisa lhe incomoda, desde nosso encontro na praia sinto que algo está lhe tirando a paz.

– Não é nada não, são apenas assuntos do meu trabalho.

– E você não quer dividir comigo? Talvez possa te ajudar.

– Não vamos deixar nada nos atrapalhar neste nosso reencontro, a noite está muito boa para nos preocuparmos com problemas de trabalho.

– Sinto que não são apenas problemas irrelevantes. Por que não se abre comigo? Não confia mais em mim?

– Realmente tem algo me incomodando, mas são apenas suspeitas e não quero lhe incomodar.

– Deixe que eu decida se me incomoda ou não.

– Aqui não seria um bom lugar para conversarmos.

– O que acha de darmos uma volta no calçadão, respirar um pouco da brisa do mar e aí você me conta o que está acontecendo?

– Não sei se me compreenderia, este assunto não é de fácil compreensão para todos.

– Por que não tenta? Se eu achar que não posso te ajudar não falamos mais no assunto.

– Tudo bem, mas quero que me prometa não comentar com mais ninguém sobre o que vou te falar, mesmo que ache um absurdo.

– Certo.

Armand chamou o garçom, pediu a conta e os dois saíram do restaurante. Caminharam por algum tempo em silêncio e ao chegarem no calçadão da praia, ele perguntou à amiga.

– O que está acontecendo?

– Como lhe disse ontem, fui fazer pós-graduação na Europa, acabei me instalando em Roma e me empolguei de tal maneira com os estudos que acabei fazendo meu mestrado lá também. Conheci algumas pessoas e acabei indo trabalhar numa organização não governamental que se preocupa com a vida e a espiritualidade, buscando esclarecimentos que a igreja Católica não passa a seus fiéis. Estudamos sobre Deus, Anjos, Reencarnação, o Bem e o Mal e muitas coisas inexplicáveis em nossas vidas. Em minhas pesquisas, descobri um manuscrito em aramaico que falava sobre o Bem e o Mal, me aprofundei nesse assunto, e fui estudar aramaico para melhor compreendê-lo, pois é uma língua pouco falada no mundo.

– Sim, mas o que estava escrito nesse manuscrito que tem lhe incomodado tanto?

– Descobri que no mundo espiritual existe uma guerra sem fim entre a luz e as trevas.

– Continue. – Armand se mostrava bastante interessado no que Jaqueline falava.

– Você deve achar tudo isso um absurdo.

– Não esqueça que fizemos cursos ligados a espiritualidade juntos e acredito em um mundo espiritual.

– Bem, após decifrar o manuscrito, descobri que os espíritos da escuridão, junto com o Anjo Caído, iriam tentar tomar de Deus a sua maior criação, o Ser humano, invadindo o mundo material através de um portal. Não compreendia como isso seria possível, pois tudo que havia estudado mostrava que Deus quando expulsou Lúcifer do sétimo Céu, proibiu que ele adentrasse ao mundo físico. Depois de várias semanas de estudo, descobri que a data para essa invasão estava marcada a mais de duzentos anos, e ela está prevista para o final deste ano. Só não conseguimos descobrir como isso será possível e nem sua data exata. Se Deus em suas ordens foi bem claro, onde dizia que Lúcifer nunca poderia adentrar ao reino dos seres humanos, como terá ele liberdade para fazer isso sem que os Anjos que coordenam os exércitos de Deus permitam?

– Compreendo o que você diz.

– Você deve estar me achando uma maluca, e está dizendo isso só para me agradar.

– Não é verdade. Por coincidência, ontem muitas coisas me aconteceram fora da normalidade e isso que está me dizendo já não é mais surpresa para mim. Tinha minhas dúvidas, mas agora já não as tenho mais.

Armand contou a Jaqueline tudo que havia acontecido, inclusive a viagem astral que fizera ao campo santo. Estarrecida a moça ouvia atentamente a todos os detalhes da história que ele lhe contava.

– Então meus estudos não estavam errados, só não conseguimos descobrir a data e o local exato desta invasão.

– Segundo me foi passado pelo espírito de luz, o local é o Rio de Janeiro, porém não tenho noção de onde estão localizados os portais menores e nem o principal.

– Através do manuscrito, conseguimos traçar um possível mapa de como estariam dispostos os portais, mas não obtivemos sua localização.

Jaqueline levou Armand até a areia e desenhou o mapa que fizera durante seus estudos.

– O desenho da posição dos portais é este.

Jaqueline apontou para uma estrela de cinco pontas invertida desenhada na areia onde o portal principal se localizava bem no meio.

– E como iremos fazer para descobrir onde estão localizadas estas pontas, numa cidade grande como o Rio de Janeiro?

– O espírito de luz não lhe falou nada que pudesse ser relevante e que através disso ajudasse a ter um norte na sua investigação?

– Bem, me lembro dele falar de falsos profetas, de pensamentos negativos emanados por encarnados, de atitudes desaprovadas pelas leis divinas e de uma busca desenfreada pelo poder e a cobiça.

– Precisamos pensar.

– Você me ajudaria nesta empreitada? Sei que sozinho não conseguirei.

– Claro, tenho estudado muito sobre isso e a nossa organização encontra-se muito envolvida com tudo que está acontecendo. Na realidade não vim de férias para cá, cada membro da organização viajou para um país para tentar descobrir alguma coisa. Vim para o Brasil, pois além de ser daqui, este é um país com uma diversidade cultural e religiosa muito grande, sem mencionar o surgimento de uma nova religião nesse território em 1908.

– Já li sobre isso, mas como não sou adepto a nenhuma religião, não me aprofundei nesse tema.

– Como pretende começar sua investigação?

– Hoje à tarde pensei em procurar pelo nosso antigo professor de magia e espiritualidade, mantive contato com ele por um período após nosso curso, mas ele se mudou para o interior do estado e perdemos o vínculo.

– E como vamos encontrá-lo? Será que ele poderá nos ajudar? Será que ainda está vivo? Faz tanto tempo que fizemos esse curso.

– Sei para onde ele se mudou, Joaquim foi para uma cidade pequena, na serra, não será difícil de localizá-lo. Quanto estar vivo, eu não acredito que já tenha partido, sempre foi muito forte e bem disposto.

– E quando pretende procurá-lo?

– Pensei em sair cedo amanhã, como estou de férias não tenho problema em me ausentar do Rio durante a semana.

– Posso ir com você? Gostaria muito de rever nosso antigo mestre.

– Claro, sua ajuda neste caso será muito importante. Ou já desistiu de me ajudar?

– Não, estamos juntos. Apenas achei que você quisesse ir sozinho.

– Uma boa companhia é sempre bem vinda, assim podemos ir conversando sobre o assunto durante a viagem.

– Ótimo. Que horas saímos amanhã?

– Pensei em viajarmos logo cedo, assim aproveitamos a claridade do dia, não sabemos o quanto será difícil esta procura.

– Você me pega lá em casa pela manhã?

– Sim, devo passar lá pelas oito horas, está bom?

– Sim estarei pronta.

– Vamos embora então, preciso fazer algumas pesquisas antes de viajarmos.

– Vamos. Quanto tempo pretende ficar lá?

– Não sei, mas não pretendo me demorar, não temos muito tempo.

Armand e Jaqueline se encaminharam para o carro e durante todo o percurso foram conversando e combinando como seria a viagem.

O Mestre

Às oito horas da manhã Armand já estava na porta da casa de Jaqueline, conforme havia combinado. Buzinou duas vezes e a moça apareceu na janela, pedindo para ele esperar um pouquinho, que ela já sairia.

Duas horas depois eles já estavam na cidade de Penedo, agora precisariam descobrir onde estaria morando o antigo professor. Sabiam apenas que nunca estaria afastado de sua espiritualidade e era um grande trabalhador pela saúde espiritual e adepto a caridade; acreditava que o dom que recebera de Deus, não poderia jamais cobrar por ele.

Pararam em uma lanchonete para fazer um lanche e investigar sobre o paradeiro do mestre.

– Bom dia! – disse Armand à garçonete do lugar.

– Bom dia! O que desejam?

– Eu quero um misto quente e um suco de laranja. E você Jaqueline?

– Quero também um suco de laranja e um queijo quente.

– Já providenciarei para vocês – respondeu a garçonete.

– Armand, será que ela já ouviu falar do mestre Joaquim?

– Não sei, mas quando trouxer nossos lanches vou perguntar. Não deve ser difícil achá-lo numa cidade pequena como esta.

– Espero que não.

Armand pegou um jornal local para ver se conseguia descobrir alguma coisa sobre Joaquim enquanto esperava o retorno da garçonete.

– Aqui está o pedido de vocês, precisam de mais alguma coisa?

– Sim, uma informação. Por acaso conhece um senhor chamado Joaquim, ele é moreno alto, deve ter uns sessenta anos.

– Não conheço. Mas o que ele faz?

– Talvez deva estar fazendo benzimentos, ele sempre foi muito ligado à espiritualidade.

– Ah, agora o senhor falando assim, eu o conheço sim, é o Pai Joaquim. É assim que ele é conhecido por aqui, pois trata todos com carinho de pai.

– Que ótimo. Onde podemos encontrá-lo?

Com as coordenadas passadas pela moça, Armand e Jaqueline partiram ao local indicado para confirmarem se era a mesma pessoa que procuravam. Não demorou muito e já estavam na porta da casa indicada pela garçonete. Era uma casa humilde, porém muito bem conservada, um jardim bem cuidado com algumas ervas plantadas, um muro de palitos de concreto, todo pintado de branco, e um portão de madeira muito bem feito.

– É aqui, esta é a casa. Vamos descer e conferir?

– Vamos, o máximo que vai acontecer é continuarmos com a nossa busca.

Os dois desceram do carro, se aproximaram do portão e procuraram uma campainha, mas acabaram tendo que bater palmas para chamar o morador daquela bela casinha. Não demorou muito e um pequeno cachorro apareceu latindo desesperadamente, anunciando que alguém estava à porta da casa para seu dono. Logo em seguida um homem moreno de cabelos brancos, apareceu na varanda. O sol atrapalhava sua visão, por isso ele não conseguia identificar quem estava em seu portão.

– Quem está aí? – perguntou o homem.

– Joaquim? Mestre, é o Armand, vim lhe visitar e trouxe uma surpresa para o senhor.

– Entre Armand, este sol está judiando da minha vista, não consigo lhe ver direito meu filho.

Ao se aproximarem de onde se encontrava o homem, este pode ver quem estava ali e imediatamente abriu um sorriso, Armand e Jaqueline haviam sidos os melhores alunos daquele curso de magia e espiritualidade.

– Minha querida aluna Jaqueline, que surpresa maravilhosa, tê-los aqui em minha humilde casa.

– Nós que nos sentimos honrados de estarmos aqui.

– Vamos entrando, sejam bem vindos.

– Obrigado pela hospitalidade mestre.

Após os cumprimentos, Armand foi direto ao assunto, pois não tinham muito tempo a perder, precisavam anular os portais antes que fosse tarde demais.

– Mestre, nós não viemos aqui para uma visita casual, precisamos de ajuda.

– Eu sei meu filho, meus amigos do astral já me informaram que em breve alguém me procuraria para pedir ajuda para resolver um problema sério, mas antes de conversarmos irei buscar algo para refrescar nossas gargantas, o calor hoje está forte demais.

O homem se retirou para dentro da casa e Armand e Jaqueline se acomodaram nas cadeiras dispostas na varanda. Não demorou e Joaquim voltou com uma bandeja com uma jarra de suco e três copos.

– Este suco de graviola geladinho é uma delícia, além de muito refrescante para dias quentes como o de hoje.

– Está muito bom – disse Jaqueline.

– Bem, agora preciso saber o que está acontecendo e verei como poderei ajudá-los.

Armand começou a narrar todos os fatos que havia presenciado tanto no mundo material como no mundo astral. Joaquim ia prestando atenção na narrativa e suas feições iam mudando a cada acontecimento relatado.

– Resumindo mestre, preciso de ajuda para solucionar esse problema, Jaqueline já se predispôs a me ajudar, principalmente porque ela indiretamente está envolvida com estes acontecimentos.

– Filho, pode contar comigo, já não sou mais tão jovem para batalhas corporais, mas posso lhe ajudar com meu conhecimento de magias e espiritualidade.

– E o senhor tem alguma ideia por onde podemos começar essa procura?

Jaqueline prestava atenção compenetrada na conversa entre Armand e o mestre Joaquim.

– Veja meu filho, pelo que me relatou, precisamos encontrar os falsos profetas que têm mantido estes portais menores abertos, se conseguirmos achar o primeiro, poderemos então localizar os outros.

– Já sei onde podemos começar a procurar – disse Armand. – Nos últimos meses têm ocorrido alguns crimes bárbaros com mutilação de corpos no Rio de Janeiro, se nós associarmos estes crimes aos portais, quem sabe obtemos um ponto de partida. Podemos fazer uma busca por templos religiosos próximos aos locais das atrocidades.

– Já seria um começo – concordou Joaquim.

Jaqueline não se conteve e se intrometeu na conversa.

– Que tipos de crimes foram esses?

– Moradores de rua que apareceram assassinados e com os olhos arrancados. Esses crimes me chamaram a atenção, pois não é comum vermos mutilação de corpos em mortes de moradores de rua – respondeu Armand. – Acredito que teremos surpresas por trás destes crimes. Nas minhas investigações identificamos algumas seitas que usam partes de corpos humanos como elemento de magia negra. Utilizam-se do sacrifício humano, do sangue da vítima e de determinadas partes do corpo.

– Isto realmente é diabólico, tem razão, podemos começar investigando esses crimes – disse Jaqueline indignada com o que ouviu.

– Bem, meus filhos, o que acham de almoçarmos e continuarmos nossa conversa lá dentro?

– Não viemos para dar trabalho – desculpou-se Armand.

– Não é trabalho algum, também preciso comer, onde come um comem três, é só colocar um pouco mais de água no feijão.

Os três entraram na casa e dirigiram-se para a cozinha acompanhando Joaquim que iria preparar o almoço, assim continuariam suas conjecturas e os preparativos para cumprirem a missão que Armand havia recebido.

Jaqueline começou a falar de suas pesquisas em Roma, e as descobertas que fizera por lá que acabaram levando-a a sua terra natal, o Rio de Janeiro. Acreditava que o que descobrira poderia facilitar a localização dos portais secundários e com isso o portal principal.

Roma

Jaqueline chegara a Roma logo após sua formatura. Ganhara de presente dos pais, por ter concluído o seu curso de filosofia, uma viagem para o exterior. Escolhera a Itália para conhecer uma nova civilização, assim como sua história e evolução. Encantara-se tanto com o país que acabou ficando por lá para aprofundar seus estudos e acreditava que pela participação na história, Roma poderia lhe solucionar os porquês que sua vida carregava. Inscreveu-se em curso de pós-graduação e logo se instalou em uma república de estudantes que faziam parte da mesma universidade.

Os estudos começaram no quente verão romano e Jaqueline logo se enturmou com dois estudantes que vinham de fora também. Joshua: um israelense que procurava seguir o sacerdócio, porém não aceitava tudo que impunha a igreja Católica, e buscava os mistérios da criação e Zamelê: um nigeriano, que esperava encontrar no curso de teologia e espiritualidade, um conhecimento mais profundo da ligação do homem com Deus e com o mundo astral.

Por seu envolvimento e dedicação no curso, conseguiu junto com seus novos amigos participar de uma organização não governamental e sem nenhuma influência religiosa, dirigida por seu professor, para trabalhar em pesquisas que buscavam informações que não eram divulgadas pela igreja e traziam muitos mistérios entre o Céu e a Terra.

As pesquisas e os estudos se intensificavam, não permitindo que Jaqueline pudesse aproveitar os passeios nos monumentos históricos da cidade e nem a noite italiana que era muito interessante. Por se tratar de uma capital, com suas diversidades culturais, devido à grande influência de turistas que vinham de todos os lugares do mundo, Roma era um lugar encantador.

Depois de longos seis meses de intenso trabalho, um feriado prolongado se aproximava e Jaqueline se preparava para descansar e curtir um pouco a cidade que escolhera para passar seus próximos dois anos. Porém com a aproximação de uma descoberta que poderia desvendar alguns mistérios e trazer novos rumos às suas pesquisas, Jaqueline foi designada para fazer uma viagem para conferir uma pista que fora descoberta e que poderia levá-los a um manuscrito antigo, pertencente a um grupo religioso contra a igreja Católica.

– Desapontada de não poder curtir seu feriado, Jaqueline? – perguntou Joshua à amiga.

– Um pouco, mas não posso perder esta oportunidade. Inclusive, solicitei a diretoria para que você e Zamelê me acompanhassem nesta expedição. Fiz mal?

– Claro que não, estamos perto de fazer uma descoberta que pode nos dar um norte em nossas pesquisas e fico muito grato de não me deixar fora desta.

Joshua era um jovem de vinte quatro anos, cabelos loiros, porte físico digno de um nerd, com grande conhecimento das coisas ligadas a igreja Católica, inclusive na interpretação de textos e símbolos.

– Só não sei se Zamelê irá curtir ter que adiar a sua ida para casa neste feriado.

– Agora é um bom momento para descobrir. Olha quem vem aí?

– Oi gente! Como estão os preparativos para o feriado?

– Era bem isso que eu e Jaqueline conversávamos.

– É verdade, temos um pedido para fazer a você – instigou Jaqueline.

– Um pedido a mim? – perguntou Zamelê desconfiado.

– Sim. Não sei se ficou sabendo que descobriram um manuscrito antigo em Assis que pode nos direcionar para uma nova descoberta em nossas pesquisas e fui escalada para chefiar esta expedição.

– Que ótimo, quer dizer, não sei se é bom ou ruim.

– É ótimo, apesar de ter me programado para descansar e fazer um pouco de turismo em Roma. Mas não podemos perder esta oportunidade, inclusive por ser no feriado e não atrapalhar nas aulas.

– Ta, mais qual é o pedido?

– Queria que participasse desta expedição junto comigo e Joshua.

– Sinto muito, mas estou programando uma visita à minha família há seis meses e não posso deixar esta oportunidade passar.

Jaqueline não esperava que Zamelê fosse declinar de seu convite, porém tinha que respeitar sua decisão. Mas isso não a impediria de tentar convencê-lo a mudar de ideia, pois a oportunidade era única e seria muito importante poder contar com o amigo que conseguia compreender com facilidade, os sinais que o astral deixava em seus caminhos, o que facilitaria sua busca.

– Você tem certeza que não pode adiar a sua viagem para casa e participar desta expedição que é muito importante para nossa pesquisa? – insistiu Jaqueline.

– Faz muito tempo que não vejo minha família e esperei muito por este feriado. Vocês darão conta desta expedição.

– Ok! – desconversou Joshua antes que a amiga insistisse mais. – O que acham de tomarmos um café antes de voltarmos à república, assim nós podemos conversar mais um pouco e relaxarmos, pois amanhã o dia será longo.

– Ótima ideia – concordaram ao mesmo tempo Jaqueline e Zamelê.

***

Durante todo o período que ficaram no café e no percurso de volta ao alojamento, Jaqueline tentou de todas as maneiras, convencer o amigo nigeriano em acompanhá-los na expedição, mas Zamelê se mantinha irredutível.

Os três caminhavam pelas ruas de Roma em direção à república, quando Jaqueline teve a sensação de que alguma coisa estava estranha, sentiu que um choque vibracional havia ocorrido bem próximo dali. Colocou as mãos na cabeça, tonteou e quase foi ao chão.

Jaqueline possuía uma grande sensibilidade e sua mediunidade era bem evoluída, conseguia sentir quando o véu que separava os dois mundos era rompido ou transpassado para o mundo material. Porém não dominava muito esse seu dom e muitas vezes não conseguia entender o que acontecia.

– O que houve Jaqueline? Você está se sentindo bem?

– Não sei o que aconteceu... de repente me deu uma tonteira, mas já estou melhor.

– Vamos para casa, isso pode ser cansaço. Não seria melhor você pedir para outra pessoa ir a Assis no seu lugar e aproveitar esse feriado para descansar?

– Estou bem, foi apenas uma tontura.

– Promete que pelo menos que irá pela manhã à enfermaria da universidade para ver se está tudo bem.

– Prometo que farei isso Zamelê.

Depois de se restabelecer Jaqueline e seus amigos continuaram sua caminhada. Porém Jaqueline ainda sentia um desconforto que acabou mostrando ter um motivo, pois ao entrarem na rua do alojamento, os três sentiram que estavam sendo observados e isso os deixou assustados. A primeira reação que tiveram foi a de se entreolharem e acelerarem o passo, estavam a poucos metros da república e lá se sentiriam mais protegidos. A iluminação fraca das vielas que passavam não permitia identificar onde se escondia quem os observava, e acelerar o passo era a melhor opção naquele momento. Chegaram à portaria do prédio, esbaforidos e assustados, nada entendeu o porteiro ao ver os três entrarem assustados.

– Tudo bem com vocês? – perguntou.

– Acho que agora está tudo bem – respondeu Joshua.

– Parecem que viram assombração.

Os amigos mais uma vez se entreolharam e Zamelê respondeu:

– O que era não sabemos, mas foi melhor não ficar para descobrir.

A Expedição a Assis

O DIA AMANHECIA QUENTE aquela época do ano em Roma, as bagagens já estavam posicionadas na beira da calçada, estavam apenas esperando o veículo que os levaria a Assis em busca daquela que poderia ser a pista principal de suas pesquisas.

Assis, cidade famosa por ter sido o local de nascimento de São Francisco de Assis, que lá fundou a Ordem dos Franciscanos em 1208, e de Santa Clara de Assis, fundadora da Ordem das Clarissas, ficava a 184 km de Roma. A viagem seria feita em uma Van disponibilizada pela organização.

Jaqueline e Joshua conversavam e lamentavam a falta de Zamelê, quando de repente são surpreendidos pelo amigo de mochila nas costas.

– O que estamos esperando?

– Você não foi visitar seus pais? – espantou-se Joshua.

– E deixar você e Jaqueline ficarem com todas as glórias da descoberta?

Todos riram e se abraçaram.

– Que bom que você veio, agora nossa equipe está completa e podemos partir – comemorou Jaqueline.

Quando ela acabou de completar a frase, a Van encostou e todos acomodaram as malas, entraram no carro e se dirigiram para Assis.

Depois de três horas de viagem pararam em frente a um mosteiro do início do século XV que foi construído para abrigar uma escola de noviços franciscanos, porém há muito desativado e virado hotel para mochileiros. A construção ainda trazia muitos segredos e mistérios nunca desvendados. Os três passariam por turistas que estavam na cidade a passeio, não poderiam chamar a atenção, pois o que procuravam era um documento muito importante. Seitas religiosas anticatolicismo e a própria igreja Católica também estavam à procura dessa informação.

Jaqueline havia marcado com seu informante às três horas da tarde em um café próximo ao hotel. O homem os levaria onde estava o manuscrito. Teriam o resto da manhã para passear pelo hotel e tentarem descobrir algo interessante que pudesse ter passado despercebido pelos outros grupos que já haviam estado por lá à procura de tesouros escondidos.

– Bem, temos um tempinho para nos ocuparmos. O que acham de darmos uma busca no hotel e ver se descobrimos algo de interessante deixado pelos franciscanos? – Jaqueline instigava os amigos a uma caça ao tesouro.

– Boa ideia, mas será que teremos acesso aos porões? – Joshua achava que se houvesse alguma coisa especial naquela construção, provavelmente estaria escondida nos porões.

– Vamos circular como simples turistas e tentar achar algum acesso fácil. – Zamelê sempre fora um ótimo observador e se houvesse alguma entrada do lado de fora para o porão, ele a encontraria.

Os três saíram para passear pela ala externa do hotel sem chamar muita atenção. O sol estava alto e o calor era intenso naquele horário do verão italiano, as roupas leves facilitavam suas caminhadas pelos jardins e fundos do antigo mosteiro. Fizeram uma varredura geral no pátio externo, extremidades e arredores, mas nenhuma passagem aparente foi encontrada.

– Provavelmente as pessoas que adaptaram esse antigo convento em hotel, devem ter lacrado ou eliminado qualquer passagem externa ao porão – concluiu Zamelê.

– Joshua, por que não procura na internet alguma coisa que nos forneça o mapa deste lugar, assim poderíamos descobrir algum caminho secundário – pediu Jaqueline.

– Farei isso. – Joshua deixou os amigos e se encaminhou para seu quarto para fazer a pesquisa.

– Nos encontramos daqui à uma hora no restaurante do hotel – falou Jaqueline.

– Certo – respondeu Joshua continuando sua caminhada em direção ao quarto.

– O que iremos fazer agora Zamelê.

– Tenho uma ideia. Vem comigo – respondeu o amigo com brilho no olhar.

– Aonde vamos?

– Venha e apenas observe.

Jaqueline seguiu o amigo nigeriano sem mais falar nada, caminharam durante os enormes corredores do convento até encontrarem uma escada de serviço.

– Isso pode nos levar a algum lugar, mas não podemos chamar a atenção. Se alguém nos perguntar por que estamos aqui, vamos dizer que nos perdemos e não estamos achando a saída.

– Ok.

Zamelê e Jaqueline começaram a descer as escadas, passaram pela cozinha, pelo depósito e, à medida que iam descendo, acreditavam estar próximo ao que procuravam. Porém não notaram que estavam sendo acompanhados pelas câmeras de vigilância do hotel e logo foram abordados.

– Parem! O que querem aqui? Esta área é restrita aos funcionários, não é permitida a entrada de hóspedes.

Jaqueline se antecipou a Zamelê e respondeu ao segurança do hotel.

– Desculpe senhor, mas estamos perdidos e não conseguimos achar a saída.

O segurança, com cara de poucos amigos, conduziu os dois até a recepção e pediu para que fossem mais atentos em seus passeios, assim evitariam qualquer problema com a segurança.

– Muito obrigado pela ajuda e desculpe-nos. – falou Zamelê.

O segurança deu as costas para os dois sem emitir nenhum comentário. Jaqueline ainda ameaçou criticar o funcionário, mas foi impedida pelo amigo.

– Esta foi por pouco, e você ainda quer criar confusão?

– Grosso! É um grosso este segurança.

– Deixe pra lá, ele só está apenas fazendo seu serviço.

– Estranho a quantidade de câmeras naquele local. Será que escondem alguma coisa no fim daquela escadaria?

– Acredito que hóspedes que não pagam a conta. – Zamelê terminou seu comentário com uma boa gargalhada.

– Você está rindo, esquece que estamos em busca de mistérios não desvendados à humanidade?

– Só falta agora você me dizer que eles fazem parte de um ritual satânico.

– Você não acredita nisso mesmo, né?

– Olhe, acredito muito na espiritualidade, mas seria improvável que um hotel escondesse em seus porões um santuário para realizações de ritos satânicos.

– E por que aquela quantidade de câmeras lá embaixo?

– Para controlar curiosos como nós.

– Isso tudo está muito estranho.

– Vamos Jaqueline, Joshua já deve estar nos esperando no restaurante do hotel.

Jaqueline, contrariada e encafifada com tudo aquilo, não conseguia pensar em outra coisa.

Ao chegarem ao restaurante, Jaqueline foi logo contando o que havia acontecido e cobrando o amigo de sua pesquisa.

– Achou algum mapa ou alguma coisa que indique que há um porão por aqui?

– Achei e vocês não vão acreditar.

Neste momento até Zamelê que havia ignorado as conclusões de Jaqueline se mostrou apreensivo e assustado.

– Fale logo homem, o que encontrou de especial.

– Realmente existe um porão neste antigo convento. Era um cemitério, onde os padres franciscanos eram enterrados quando vinham a falecer, ou por idade ou por doença. Mas o mais incrível vocês não sabem! – instigou Joshua.

– Fale logo, não faça suspense, daqui a pouco temos que sair. – Jaqueline se mostrava um pouco tensa e muito apreensiva com a revelação que o amigo iria fazer.

– Os proprietários não desativaram o cemitério, ao invés disso, o cercaram com um grande aparato de segurança.

– Mas como soube disso? – Zamelê tinha sua face paralisada pela notícia.

– Um repórter fez uma investigação depois que seu amigo de trabalho apareceu morto por divulgar que o hotel não havia eliminado o cemitério do porão – explicou Joshua aos dois amigos que estavam pasmos. – Ele fez estas revelações em seu blog, pois o jornal acabou abafando o caso, o proprietário do hotel é uma pessoa muito influente e é amigo intimo do dono do jornal local.

– E cadê este jornalista? – perguntou Jaqueline ofegante.

– Sumiu. Nunca mais foi visto por aqui, não sabem se morreu ou perdeu-se no mundo para não ter o mesmo fim que seu colega assassinado.

– Esta expedição está começando a ficar muito perigosa.

– Relaxa Zamelê, estamos no caminho certo e acho que vamos descobrir muito mais do que esperávamos.

– Não somos policiais, nem super-heróis. Se isto estiver certo estamos mexendo com pessoas perigosas.

– A luta contra o mal sempre foi arriscada e enigmática, não podemos perder a calma nem nosso foco. Relaxe meu amigo, tudo vai dar certo – tranquilizou Joshua.

Zamelê estava realmente incomodado com aquela situação e nem as palavras do amigo o acalmaram.

– Bem meninos, vamos todos almoçar que temos um encontro importante agora à tarde, depois conversaremos no quarto para compreender melhor tudo isso.

Eram três horas da tarde quando Zamelê, Joshua e Jaqueline saíram do hotel em direção a Piazza Del Cumune para encontrar o seu informante. O céu estava limpo e o sol deixava a paisagem local mais bonita. Durante todo o trajeto os três iam conjecturando sobre todos os acontecimentos que haviam ocorrido nos últimos dias, tentando espantar a ansiedade que tomava conta deles.

O que o tal informante teria para lhes contar? Como seria esse encontro? Tudo era muito novo para eles.

Entretidos em suas conversas e pensamentos não notaram que estavam sendo seguidos de longe por uma figura estranha que estava atenta aos três jovens.

Na hora marcada, Jaqueline e seus amigos estavam no local, porém não conheciam o seu informante, apenas sabiam como ele estaria vestido. A praça estava cheia de turistas, precisavam prestar atenção a tudo para localizarem no meio da multidão o homem que poderia lhes dar informações importantes para desvendarem um mistério que há algum tempo já tomava conta de seus estudos e pensamentos.

– Vamos nos dividir e circular pela praça, quem encontrar o Francisco primeiro, volta para este ponto. A gente se encontra aqui em meia hora. – Jaqueline determinou a estratégia para facilitar a localização do informante.

Os três circularam pela praça, atentos a todos que ali estavam, ora ou outra abordavam alguém que pudesse ser o misterioso Francisco.

Enquanto Jaqueline olhava para todos os lados, um homem se aproximou dela e a abordou.

– Cadê seus amigos?

Jaqueline virou-se para trás e avistou um homem vestindo calça jeans, camiseta branca, boné e óculos escuros.

– Não se vire, não olhe para mim. Vocês estão sendo seguidos.

– Não fomos seguidos, tomamos cuidado.

– Não o suficiente. Venha comigo, me siga à distância e com muita descrição.

– Preciso chamar meus amigos.

– Não temos tempo, venha antes que não consigamos sair daqui.

– Mas...

O homem começou a andar em direção a uma viela que dava acesso à praça. Jaqueline sem saber se esperava seus amigos voltarem ou se seguia o estranho, deixou seu sexto sentido lhe guiar e o acompanhou. Ele por sua vez apressava o passo, fazendo com que Jaqueline corresse para não perdê-lo de vista. Francisco – ela acreditava ser esse mesmo o seu nome – caminhou até a porta de um prédio, estilo época do império, e aguardou a garota se aproximar para que entrassem juntos. Antes de fechar a porta ainda deu uma última olhada para a viela se certificando de que ninguém os seguira.

– O que está acontecendo Francisco? – perguntou Jaqueline ainda ofegante da corrida que dera na rua para alcançá-lo.

– O que temos para conversar é mais sério do que imagina. Não podíamos nos expor na praça.

– E meus amigos?

– Eles serão conduzidos de volta ao hotel por pessoas de minha confiança.

– Estou ficando com medo. O que está acontecendo?

– Fique tranquila, aqui estamos seguros e podemos conversar sem interferência. Venha comigo.

Jaqueline seguiu Francisco pelos corredores escuros e estreitos daquela antiga construção, o local era sinistro, por um momento sentiu que poderia estar correndo perigo. E se o homem que estava seguindo não fosse o informante que marcara na praça? E se ele resolvesse violentá-la? Não teria para onde correr e nem para quem pedir socorro, pois parecia que eram os únicos naquela construção. Resolveu então continuar, torcia para que seus medos estivessem errados.

Depois de alguns minutos caminhando por corredores escuros e estreitos, Jaqueline se deparou com um salão com afrescos nas paredes e no teto, imagens de santos católicos e obras de artes bem expostas. Parecia estar em algum pátio interno de alguma das várias igrejas que existem em Assis, havia um pequeno altar ao fundo, que provavelmente era usado pelos padres daquela congregação para realizarem suas orações.

– Onde estamos Francisco?

– Bem, aqui podemos conversar. Meu nome é padre Paolo e trabalho com padre Francisco. – Jaqueline empertigou-se. – Acalme-se, ele me pediu para que fosse lhe buscar na praça, ultimamente padre Francisco não tem saído da igreja, pois além de sua idade avançada, os últimos acontecimentos têm nos colocado em alerta.

– Mas o que têm acontecido? Estou muito confusa.

– Fique calma Jaqueline, que logo tudo será esclarecido. Vou chamar o padre Francisco, sente-se que já volto.

Jaqueline sentou-se em uma das cadeiras colocadas próxima ao altar e esperou o verdadeiro Francisco.

– Boa tarde minha jovem!

Um homem de aproximadamente uns sessenta e oito anos vestido com uma batina, vinha acompanhado pelo padre Paolo. Jaqueline se levantou para cumprimentar o velho senhor.

– Boa tarde. Padre Francisco?

– Sim minha filha. Desculpe não ir encontrá-la na praça, mas acredito que Paolo já explicou o motivo.

– Explicou. Quer dizer, mais ou menos. Estou muito confusa com tudo isso. Esperava encontrar uma pessoa que me daria algumas informações sobre minhas pesquisas e sou surpreendida por uma situação inusitada, me senti num filme de ação.

– Não era a nossa intenção, mas os últimos acontecimentos nos levaram a tomar estas atitudes.

– O senhor poderia me explicar melhor o que está acontecendo?

– Sim minha filha. Sente-se que vou lhe explicar.

O velho padre se sentou ao lado de Jaqueline e começou a contar todos os acontecimentos que vinham rondando a igreja Católica nos últimos tempos.

– Na época das Cruzadas, surgiu um grupo que se designava os Cavaleiros da Escuridão, esse grupo tinha como finalidade desacreditar Cristo e provar ao mundo que suas ideias eram infundadas. Eles tinham como mentor e mestre o Anjo Caído, Lúcifer. Pregavam que este anjo fora expulso do sétimo Céu por uma legião de anjos comandados por Miguel e Gabriel e enquanto Deus descansava após a criação do Universo, se instaurou uma conspiração para escravizar os seres encarnados, por simples ciúmes, por termos o direito do livre arbítrio e possuirmos alma. Como deve ser de seu conhecimento, estamos atravessando ainda o sétimo dia, pois o tempo corre diferente no mundo espiritual. Dizem que a intenção desta conspiração era destituir Deus de seu trono e Lúcifer assumir o domínio de todo o

Universo e se apossar da mais bela criação de Deus, nós os seres encarnados.

– Mas se isso for verdade, seria o caos se caísse nos ouvidos da população religiosa do mundo inteiro.

– Pois bem, a igreja se sentindo ameaçada por tamanhas calúnias, criou uma sociedade secreta para combater os Cavaleiros da Escuridão, que por sua vez, usavam de meios sórdidos e inescrupulosos para alcançarem seus objetivos. Muitos religiosos sérios morreram durante este período de batalhas religiosas. Os Cavaleiros da Escuridão incentivaram a igreja Católica a idealizar a inquisição, pois possuíam muitos dos seus, infiltrados na igreja. Com isso conseguiram retardar toda uma era em busca da espiritualidade e um intercâmbio entre o mundo material e o mundo espiritual e despejar toda a culpa em nossa igreja.

– Mas padre, a igreja não prega a reencarnação e pelo que sinto de suas palavras o senhor não compactua com essas ideias.

– Existe muita coisa que muitos ainda não conseguem compreender. Tem um ramo da igreja Católica que não aceita todos os ditames vindos de Roma, porém trabalhamos estes assuntos com muita cautela, evitando confrontos internos. Muitos leem o livro sagrado, porém não conseguem fazer a correta interpretação, mas aos poucos este véu está sendo retirado e num tempo futuro tudo será esclarecido e compreendido por grande parte da população.

– Desculpe a expressão que utilizamos muito em meu país, mas estou *passada* com tudo isso.

– Como estava contando, a igreja Católica criou uma sociedade secreta, muitos dentro da igreja até hoje acreditam que esta sociedade secreta é lenda. Isso foi necessário se fazer, pois havia uma grande gama de infiltrados na igreja e não sabíamos quem era confiável ou não. Este grupo se intitulou os Cavaleiros da Luz Divina, o nome tem tudo a ver com os nossos inimigos, pois nada melhor que a luz divina para combater a escuridão.

Jaqueline escutava tudo com muita atenção, porém estarrecida com tantas revelações sobre a evolução humana.

– Com o surgimento da sociedade dos Cavaleiros da Luz Divina, batalhas secretas foram travadas por vários anos, até que no ano de 1.325 d.C., os Cavaleiros da Escuridão foram derrotados e nunca mais se ouviu falar deste grupo que cultuava as trevas.

– Mas, onde se encaixa esta historia nos dias de hoje? E os Cavaleiros da Luz Divina, foram extintos também com o fim de seus inimigos?

– Os Cavaleiros da Luz Divina, após a aniquilação dos Cavaleiros da Escuridão, passaram a estudar sobre o mundo espiritual e seus mistérios, porém sempre atentos a grupos que visam cultuar as trevas. O tempo foi passando e esta sociedade secreta foi alterando suas lideranças e seus componentes e perdura até os dias de hoje. Não é mais um grupo de cavaleiros de capa e espada, nem suas batalhas são corporais como antigamente, apesar de que, em alguns casos, os confrontos podem ser inevitáveis.

– Então esta sociedade secreta resistiu ao tempo. Ainda não consigo ter clareza nos meus pensamentos.

– O que vou lhe contar agora fará sentido para você e esclarecerá muitas coisas, porém têm suas consequências. Você está preparada?

– Acredito que sim, mas o senhor não tem medo de estar me contando tudo isso e eu divulgar esse segredo a tanto guardado?

– Sabemos com quem estamos falando e quanto isso vai ser importante para você saber no momento certo.

– O senhor tem uma grande habilidade em me confundir.

– Não se preocupe que na hora certa saberá do que estou falando.

– Espero que sim padre.

– Como estava dizendo, o que vou lhe contar agora fará mais sentido pra você, do que tudo que falei até agora. – O padre respira fundo e revela a Jaqueline. – Descobrimos recentemente que os Cavaleiros da Escuridão ressurgiram.

– Mas eles não haviam sido extintos?

– Sim, porém a escuridão faz uso de vários sortilégios para tentar alcançar seus objetivos.

– E quais são estes objetivos?

– Criar maneiras de abrirem portais no plano material permitindo que o Anjo Caído possa adentrar em nosso mundo e instaurar o caos, visando à destruição da alma humana e assim mostrar que seu poder é maior que o do nosso Criador.

– Mas como conseguiriam isto? O Anjo Caído quando foi expulso do sétimo Céu, não foi proibido de entrar no reino dos encarnados?

– Foi, porém ele poderá retornar se os encarnados assim o quiserem.

– Mas qual encarnado iria querer que o caos fosse instaurado e colocar em risco sua própria alma?

– Nenhum, mas inconscientemente estão se encaminhando para isso com seus atos e pensamentos mundanos, buscando o poder a todo custo, alimentando o ego, o egoísmo a depredação da natureza. Quer que continue?

– Não, já é o bastante. O senhor me falava do ressurgimento dos Cavaleiros da Escuridão.

– Muito bem, descobrimos recentemente alguns indícios que comprovam o ressurgimento deste grupo das trevas.

– Que indícios são esses?

– Em alguns pequenos vilarejos de vários países da Europa, tivemos notícias de pessoas desaparecidas que surgiram depois de meses, mortas e com alguns órgãos dilacerados e outros arrancados de seus corpos. Isto nos arremeteu aos antigos rituais macabros com sacrifícios humanos, onde os Cavaleiros da Escuridão diziam fazer contato com seu mentor, assim como fortalecer seus guerreiros com tais práticas. Pesquisamos durante um longo período e todos os indícios nos levaram aos Cavaleiros da Escuridão.

– E quem são esses novos integrantes desta seita ou grupo macabro?

– Ainda não os identificamos, mas sabemos que existem pessoas de grande poder aquisitivo e políticos envolvidos com este grupo.

– E como podemos impedi-los? Eles parecem ser muito poderosos.

– Aqui na Europa os Cavaleiros da Luz Divina já estão se mobilizando, porém...

– Porém o quê?

– Nossas investigações nos fazem crer que este grupo possui uma ramificação no Brasil.

– No Brasil? Por que no Brasil?

– O Brasil é um dos chacras do planeta. Estudos comprovam que o território brasileiro foi um dos primeiros a terem condições de vida terrestre depois das catástrofes que assolaram o nosso mundo no início dos tempos.

– Esta informação eu não sabia, mas o que tem a ver o Brasil com os Cavaleiros da Escuridão?

– Por ser considerado um dos principais chacras de nosso planeta, seu poder energético e sua ligação com o mundo astral é muito forte e suspeitamos que este possa ser o local exato do surgimento do Anjo Caído no mundo material. Acreditamos que portais estão sendo abertos em seu país, visando energizar um portal principal por onde a invasão das trevas ocorrerá.

– E vocês têm ideia onde no Brasil estes portais estão sendo criados?

– Ainda não temos a localização exata e acho que será impossível obtermos, mas temos o Rio de Janeiro como ponto de partida.

– Mas o território brasileiro é muito grande, como farão para impedir esse holocausto?

– O que posso lhe informar é que o astral superior está trabalhando em nosso favor e nos auxiliando nesta batalha.

– Preciso lhe fazer duas perguntas.

– Faça minha filha.

– Como um padre da igreja Católica fala em astral, energias e trevas, se a própria igreja não divulga estes mistérios.

– Como lhe disse, há muitas coisas que muitos desconhecem, pela simples falta de interesse na espiritualidade.

– Por acaso o senhor faz parte da sociedade secreta dos Cavaleiros da Luz Divina?

– Bem minha filha, digamos que sou um servo de Deus, busco a verdade e ofereço ajuda para que o mal nunca prevaleça sobre o bem.

– Mas isso não responde a minha pergunta.

– O mal da humanidade é querer tudo de mão beijada. Preciso ir agora tenho muitos afazeres aqui neste mosteiro. Deus te proteja e abençoe. Paolo irá lhe acompanhar até seu hotel.

– Mas...

– Já volto... aguarde aqui – disse Paolo num tom sério, não dando margem para Jaqueline argumentar.

O padre Francisco levantou-se e acompanhado de Paolo saiu da sala após se despedir. Poucos minutos depois Paolo retornou a sala sem suas vestes clericais e levou Jaqueline de volta pelos corredores estreitos e escuros por onde haviam chegado até alcançarem a rua onde um carro os esperava para levá-la ao hotel.

– Jaqueline, esperamos que sua vinda para Assis, tenha sido bem proveitosa e as informações obtidas aqui sejam usadas apenas para combater o mal e não para se transformar em notícia sensacionalista de um jornal qualquer que queria desacreditar a nossa igreja.

– Fique tranquilo padre, esse segredo eu carregarei comigo e só utilizarei essas informações se houver necessidade.

– Que Deus a acompanhe.

– Fique com Ele também padre. – Jaqueline entrou no carro que lhe conduziu até o hotel onde estava hospedada.

Ao entrar no hotel, Jaqueline encontrou seus amigos angustiados na recepção andando de um lado para o outro.

– Jaqueline! Aonde você estava? Ficamos preocupados, você sumiu na praça.

– Estávamos nos preparando para ir a uma delegacia de polícia para dar queixa de seu desaparecimento.

– Fiquem tranquilos, estou bem, porém ainda atordoada com tudo que ouvi hoje. E o que aconteceu com vocês na praça?

– Dois brutamontes nos trouxeram para o hotel e nos obrigaram a ficar aqui à sua espera, que nada iria lhe acontecer.

– Mas o que você descobriu que te fez ficar atordoada?

– Vamos para o meu quarto, vou contar tudo a vocês.

Os três seguiram para o quarto de Jaqueline.

De Volta ao Rio de Janeiro

ARMAND E JOAQUIM OUVIAM atentos ao que Jaqueline contava, enquanto o almoço ia sendo preparado, quando Armand interrompeu a narrativa da moça.

– Então podemos concluir que o caso realmente é muito sério, e que o lugar que temos que começar a procurar pelos portais é no Rio de Janeiro.

– Pelas informações que recebi tudo nos leva a crer que pelo menos alguns desses portais secundários foram abertos no Rio de Janeiro, os demais é uma incógnita.

– Essa história me faz lembrar as notícias que li esta semana em um jornal local, onde moradores de rua estavam sendo assassinados e tendo parte do corpo mutilada.

– Me conte isso melhor Armand. Eu não havia associado esta sua história com a minha descoberta em Assis, mas agora relembrando não tenho dúvidas; eles estão aqui.

– Eles quem?

– Os Cavaleiros da Escuridão.

– Então temos um ponto de partida. Vou contar sobre este acontecimento e tentar lembrar algum detalhe que possa ter passado despercebido.

Joaquim prestava a atenção a tudo que era dito e seus pensamentos trabalhavam acelerados para saber como iriam proceder quando encontrassem os portais.

– Bem, foi noticiado esta semana que uma série de assassinatos envolvendo moradores de rua tem acontecido na periferia do Rio de Janeiro e que alguns corpos foram encontrados mutilados. Não dei muita importância ao fato, pois além de não fazer parte do meu departamento, estou de férias e não quis me envolver, pois isso é de jurisdição da Polícia Civil.

– Teríamos como ter acesso a essas informações? Pelo que está me contando, estes assassinatos se assemelham muito com os rituais dos Cavaleiros da Escuridão e se realmente eles estiverem aqui no Brasil, este é um grande indício.

– Posso falar com um amigo que é delegado da Polícia Civil, para ter acesso ao caso, mas não podemos associar os assassinatos a este grupo antes de termos certeza, pois tivemos situações similares com traficantes de órgãos aqui no Brasil.

– Vamos então analisar com calma, mas estou quase certa de que estes assassinatos estão ligados a este grupo macabro.

Durante o almoço o assunto foi mudando e amenidades foram conversadas. Lembranças da época da faculdade vieram à tona, assim como do tempo do curso de magia e espiritualidade. Boas risadas foram dadas durante a refeição, deixando de lado aquele clima de tensão que pairou durante toda a manhã.

Enquanto eram retiradas as louças da mesa e a cozinha foi sendo arrumada, Armand indagou seu mestre.

– Meu amigo, se confirmarmos estas informações que Jaqueline nos passou, nós vamos precisar muito de se sua ajuda. Podemos contar com o senhor nesta empreitada?

– Sabe que já estou velho e limitado nas minhas ações físicas, mas sabe também que jamais fujo de uma boa luta, principalmente contra o mal. Podem contar comigo.

– Sabia que não nos deixaria na mão.

– E quais são os seus planos?

– Meus planos? Somos uma equipe.

– Mas você é o líder desta equipe.

– Pensei em voltarmos para o Rio de Janeiro ainda hoje, e pesquisarmos sobre os assassinatos, além de começar a traçar uma estratégia para localizarmos esses portais antes que seja tarde, pois segundo o velho espírito que veio me procurar não temos muito tempo.

– Preciso apenas deixar algumas coisas ajeitadas por aqui e podemos ir.

– Ótimo, quanto mais cedo voltarmos, mais rápido começamos a nossa procura.

Joaquim foi arrumar alguém para tomar conta de seu cãozinho e de suas plantas. Deixou a casa organizada, não sabia quando ia voltar.

Eram seis horas da tarde quando Armand parou o carro na porta da casa de Jaqueline.

– Descanse um pouco, temos muito que fazer e se não estivermos bem dispostos não conseguiremos realizar nossas tarefas.

– Não sei se vou conseguir, mas vou pelo menos meditar um pouco.

– Eu ligo para você mais tarde, para combinarmos os próximos passos da nossa investigação.

– Ok!

Os dois se despediram de Jaqueline e seguiram em direção à casa de Armand.

Durante todo caminho, Joaquim foi apreciando a paisagem que há muito deixara para trás em busca de paz e tranquilidade, fugindo do frenético vai e vem das grandes cidades. Joaquim se distraiu de tal maneira que nem reparou que chegara a casa de Armand.

– Mestre, fique à vontade, a casa é sua.

– Obrigado meu filho.

– Vou acomodar suas malas no quarto de hóspede e deixarei uma tolha em cima da cama.

– Por que você também não vai descansar um pouco, Armand?

– Não vou conseguir dormir, preciso começar a investigar onde estão localizados estes portais. Vou acessar minha caixa de e-mail para ver se tem algo interessante e vou entrar em contato com alguns amigos da polícia para obter mais informações sobre os assassinatos que conversamos. Mas o senhor pode ir descansar.

– Acho que preciso mesmo relaxar e me refazer da viagem, mas antes gostaria de tomar um banho e tirar a poeira da estrada.

– Fique à vontade, se precisar de algo estarei aqui no escritório.

Mestre Joaquim tomou um banho, entrou no quarto de hóspede, fechou a porta, deitou-se e começou um ritual de energização, para preparação de um sono que serviria como desdobramento de seu corpo material para, junto com seu mentor espiritual, conseguir informações que pudessem ajudar na busca pelos portais. Não demorou muito e, por possuir experiência na técnica do desdobramento lúcido, já estava em contato com seu mentor espiritual em um mundo bem diferente do que os encarnados vivem. A sensação de paz e amor pairava no ar, a paisagem era deslumbrante e tudo possuía uma interação com o meio, incapaz de ser associado ao mundo material.

– Mestre! Como poderei ajudar nesta missão que fui convocado pelo irmão Armand? Como sabe meu corpo físico não possui mais toda aquela vitalidade.

– Filho, essa tarefa não necessita só de ações físicas para ser realizada. Muitas batalhas serão confrontadas no astral e o rapaz precisará de sua ajuda para realizar o desdobramento, e de suporte na matéria para que nada aconteça a ele.

Joaquim aproveitou a conversa com seu mentor espiritual, para esclarecer algumas dúvidas e absorver mais conhecimentos. Na maioria das vezes que o espírito se desprende do corpo carnal, vão a paragens para aprendizado e resgate de nossas dívidas.

A Investigação

Armand estava em seu escritório concentrado em suas investigações, quando foi desperto de seu mundo policial por seu amigo e mestre Joaquim.

– Boa noite!

– Boa noite mestre! Descansou bem?

– Estou refeito, novo, pronto para a batalha.

– Parece que seu descanso foi regenerador.

– Sim, foi – respondeu Joaquim com ar sereno e em seguida perguntou. – O que está olhando aí no computador?

– Estava pesquisando sobre os crimes que aconteceram nesses últimos meses para ver se acho alguma ligação com os tais Cavaleiros da Escuridão que Jaqueline mencionou.

– E o que descobriu?

– Ainda nada contundente que nos leve a ter certeza que se trata de algum tipo de sacrifício para o mal. Apenas dois estão me intrigando muito, mas as peças não se encaixam.

– Quer que lhe ajude a interpretar esses casos?

– Seria ótimo, pois assim teremos uma visão não policial e quem sabe descobrimos alguma coisa que não está nítido para mim.

Armand começou a relatar os casos que tanto lhe intrigavam. Dois moradores de rua haviam sido assassinados, um foi encontrado em um descampado na periferia da cidade, sem os olhos e o outro em um beco escuro, também na periferia, sem suas vísceras. Porém em bairros distintos e distantes entre si.

O que mais intrigava Armand é que esses moradores de rua eram vistos frequentemente no centro da cidade e foram encontrados muito longe do local habitual de suas peregrinações. Alguns moradores de rua viram uma das vítimas ser puxada para dentro de uma Van na madrugada anterior ao crime, mas não conseguiam se lembrar nem da cor e nem da placa do veículo. A única coisa que conseguiam recordar era que a Van tinha os vidros muito escuros e um desenho na porta, no formato de um dragão soltando fogo pelas narinas.

A polícia havia interrogado vários moradores de rua, mas como não obtiveram respostas plausíveis, acabaram arquivando os casos.

Ao terminar seu relato, Armand passou mais algumas informações para Joaquim.

– Conversei com um amigo meu que é delegado na delegacia que investigava os crimes, ele me disse que os casos foram arquivados, porém eles estariam acompanhando todos os acontecimentos e patrulhando a região à paisana, para ver se surgiam mais pistas, para que pudessem reabri-los, mas isso já faz dois meses e nada de novo aconteceu. E como não podem ficar empenhando a força policial nesse tipo de ocorrência, acabaram por deixar de lado as investigações.

– E o que tanto te intrigou nesses casos?

– Geralmente os assassinatos com moradores de rua, são ocasionados por jovens rebeldes de classe média, que tentam apenas dar um susto e a situação foge do controle, levando a vítima ao óbito. Esse não, podemos dizer que houve um sequestro antes do assassinato e o requinte de crueldade foi grande.

– Pelo que você está me contando, o que mais te intriga é o fato das vítimas terem sido levadas por uma Van na madrugada anterior ao dia dos assassinatos?

– Sim, cheguei a pensar em dívida de drogas, mas nunca se teve casos ligados a esse tipo de crime com dilaceração dos corpos.

– Então estamos no caminho certo. Estes são os casos que comprovam a presença de uma ramificação dos Cavaleiros da Escuridão aqui na cidade.

– Como assim?

– Veja... antigamente os Cavaleiros do mal, estampavam em seus escudos desenhos de dragões. O carro que sequestrou as vítimas também tinha um desenho desses na porta. Outra coisa, a Jaqueline havia nos dito que esta seita realizava rituais de sacrifícios com mutilação dos corpos das vítimas, se formos analisar os dois casos possuem mutilação. Um foi encontrado sem os olhos. No mundo oculto e para os seres das trevas, os olhos são a janela para a alma, e trazem grande conhecimento para o Espírito que recebeu uma oferenda desta – explicou Joaquim, e analisando os fatos continuou: – É como se ele escravizasse a alma da vítima, fazendo com que ela só veja o que lhe for de interesse, assim ele só veria o mal e impediria seu resgate por Cavaleiros da Luz, para que esta alma fosse a paragens de recuperação no mundo astral. O outro caso, também é relevante, pois o sangue e as vísceras trazem em grande parte um amplo potencial de energia vital, fazendo com que o Espírito que receba esta oferenda se fortaleça cada vez mais e assim possa cumprir sua missão com mais facilidade.

– Ouvindo você falar, eu percebo que tudo se encaixa, e os indícios de que uma ramificação desta seita realmente possa ter se instalado aqui no Rio de Janeiro, me parecem reais. Porém como iremos achar a localização do covil destes bandidos?

– Não será fácil, mas podemos começar a procurar nas imediações.

– Sim. Analisando tudo e considerando que foram encarnados que realizaram o tal ritual na madrugada, podem ter se livrado do corpo não muito longe, pois no dia seguinte seria um dia normal e não poderiam chamar a atenção por acordarem tarde ou não irem ao trabalho.

– Isso pode ser uma suposição, mas devemos considerar todas para que tenhamos um ponto de partida.

– Ligarei para Jaqueline para contar o que podemos chamar de uma pista e a evidência que realmente os Cavaleiros da Escuridão estão agindo aqui na cidade.

Armand pegou o telefone para ligar para amiga, estava agitado com todas aquelas informações, precisava falar com ela. Joaquim observava atento e fazia suas considerações internas sobre tudo que estava presenciando.

Ao desligar o telefone, Armand passou para seu mestre, as informações que Jaqueline havia lhe passado.

– Jaqueline não tem dúvida de que sejam eles, mas deixei claro que precisamos averiguar antes de termos certeza.

– Eu também não tenho dúvida meu amigo.

– Amanhã iremos até o local e vou colher informações. O que acha de prepararmos alguma coisa para jantarmos?

– Acho uma ótima ideia, isso tudo me deu fome.

– Vamos pedir uma pizza? Conheço um lugar aqui perto que faz uma massa maravilhosa.

– Ótima ideia.

***

Na manhã seguinte, Armand e Joaquim estavam cedo na porta da casa de Jaqueline, tinham pressa em conhecer os locais onde os corpos foram encontrados e tentar levantar o máximo de informação possível, que pudesse levá-los a alguma pista de onde estariam os portais.

Jaqueline entrou no carro cumprimentando os dois amigos.

– Bom dia a todos! Pra onde vamos? Não consegui dormir direito esta noite, tamanha ansiedade.

– Bom dia! O primeiro corpo foi encontrado na Penha, então é pra lá que vamos.

Chegando ao local informado pelo delegado amigo de Armand, estacionaram o carro e se dividiram, assim poderiam averiguar todo o local mais rápido.

Armand olhava ao redor e tentava identificar alguma coisa que lhe desse um norte naquela investigação. Jaqueline achou melhor conversar com alguns comerciantes para saber mais do acontecido.

Joaquim se aproximou do local onde o corpo foi encontrado e começou a sentir a energia que pairava no ar. Sentiu que algo denso ainda estava preso àquele lugar e resolveu mexer no terreno onde o corpo foi encontrado. Era um descampado no meio de uma comunidade do bairro, onde caberia perfeitamente uma praça com brinquedos e quadras de esporte, se nossos políticos fossem mais eficientes e estivessem preocupados com seus eleitores. Esse tipo de terreno era comum em bairros da periferia e muito usado para desova de carros roubados e também de corpos. Ao tocar o solo, Joaquim sentiu um choque energético e um filme começou a passar em sua tela etérea, eram flashes desencontrados, porém com grande sentimento de dor, prazer e ódio. Quando conseguiu estabilizar a imagem que surgia em sua mente, visualizou uma alma vagando, como se estivesse perdida ou cega, logo em seguida em outro ponto do descampado, quatro espectros negros, que não traziam uma forma humana, se aproximaram daquela alma e começaram a lhe empurrar, chutar até que caísse; pareciam estar em êxtase, pois gargalhavam enquanto o espírito que estava sendo obsediado pedia por ajuda, por clemência para não o machucarem. Porém os espectros negros continuavam a agredir àquela pobre alma ao som de suas horríveis risadas. Não demorou muito e as quatro assombrações a agarram e entraram terra adentro, como num passe de mágica.

Joaquim só saiu do transe quando Armand tocou de leve seu ombro, trazendo o amigo de volta ao mundo material.

– Tudo bem mestre?

– Sim, estou bem, só um pouco cansado.

– Sente-se aqui no carro para recuperar suas forças.

– Eu vi...

– Descanse mestre, se recupere e depois conversamos e o senhor me conta tudo o que viu.

Enquanto Joaquim descansava, Jaqueline se aproximou do carro, Armand ficou apreciando àquela linda mulher andando contra o sol, mostrando apenas sua silhueta, na verdade, agora se dava conta, ele nunca a esquecera, ela havia sido o grande amor de sua vida, e o destino se incumbiu de separá-los.

– O que houve com o mestre?

– Apenas está descansando, deve ter tido uma forte descarga de energia, mas está tudo bem. E você o que conseguiu descobrir?

– Conversei com o dono da padaria, ele me disse que seu padeiro comentou o que havia visto, mas não quis fazer nada para não se meter em confusão, pois aquilo não era anormal nessa região.

– E você conversou com o padeiro?

– Ele está ocupado, mas depois que sair da padaria conversará com a gente.

– Ótimo – falou Jaqueline.

– E o senhor mestre? Está melhor? – Armand perguntou.

– Já estou bem sim – respondeu Joaquim.

– E o que aconteceu? Parecia em transe quando cheguei perto do senhor.

– Realmente eu estava. Quando cheguei próximo ao local onde o corpo havia sido encontrado, senti uma energia muito densa constando ali. Ao tocar o solo consegui visualizar em minha tela etérea o que aconteceu com aquela alma.

– E o que o senhor viu mestre? – perguntou Jaqueline demonstrando curiosidade.

– Vi a alma vagando pelo local, como se estivesse perdida, cega.

Joaquim contou aos dois pupilos o que havia vivenciado naquele lugar. Armand não sabia o que falar, nunca havia se aprofundado no mundo espiritual daquela maneira. Havia feito o curso de magia e espiritualidade, porém nunca se aprofundou em seus estudos, a carreira de delegado da Polícia Federal tomava-lhe muito tempo e apenas quando tinha uma folga conseguia ler algum livro ligado ao assunto.

– Então podemos estar mesmo no caminho certo?

– Sim Jaqueline, há grandes probabilidades de estarmos bem próximos de encontrar os Cavaleiros da Escuridão.

– E o que fazemos agora Armand?

– Vamos esperar o mestre se recuperar completamente, para que possamos dar uma volta pela região e ver o que mais descobrimos. Por enquanto esperaremos o padeiro para conversarmos com ele.

***

Já era próximo ao meio dia quando Alcides, o padeiro, saiu de mais um dia de trabalho.

– Bom dia! Vocês queriam falar comigo?

– Queremos sim. Gostaríamos de saber o que o senhor viu naquela madrugada que deixaram um corpo aqui no terreno da frente.

– Vocês são da polícia?

– Sou delegado da Polícia Federal, mas estou aqui por outro motivo.

– Moço, eu não quero me envolver nisso. Quem fala demais aqui amanhece com a boca cheia de formiga. Tenho família, por favor, me deixe ir.

– Não posso. Isso é mais importante do que você imagina, mas fique tranquilo, nada irá lhe acontecer.

– O senhor não sabe moço, depois que der com a língua nos dentes e o senhor for embora, eles vão descobrir e vêm atrás de mim.

– Fique calmo, garanto que tudo correrá no maior sigilo.

Depois de muita insistência, Alcides resolveu contar o que viu a Armand, falando de detalhes do carro que deixou o corpo no terreno e o desenho na porta.

– Você sabe me dizer de quem é esse carro e o que significa o dragão na porta?

– Quanto ao significado do dragão eu não sei, o carro é de um pessoal estranho, acho que são macumbeiros, pois sempre estão em um terreiro aqui perto que trabalha com magia negra e fazem até trabalhos com sangue de animais. Dizem que fazem trabalho de amarração para o amor, mas isso é o que dizem, não posso afirmar nada, pois não gosto destes lugares. A energia é muito pesada lá.

– E onde é este terreiro? – perguntou Armand.

Alcides explicou como Armand faria para chegar ao local e os dias em que davam consultas.

– Muito obrigado Alcides, fique tranquilo, o que acaba de me contar será considerado sigiloso e nunca saberão quem me contou.

Alcides se despediu e foi embora, um pouco assustado, mas aliviado com o que dissera, pois tirava um peso enorme de suas costas por ter feito o que deveria ter feito há muito tempo.

Armand analisava tudo que ouvira e começava a montar o quebra-cabeça, colocava seu espírito investigador para funcionar, quando foi interrompido por Jaqueline.

– O que fazemos agora Armand?

– Vamos procurar o tal terreiro.

Os três entraram no carro e seguiram pelo caminho que Alcides havia indicado.

Já na rua indicada pelo padeiro, Armand diminui a aceleração do carro para que pudessem procurar pelo local. A rua era de terra e cheia de buracos, o lugar não era agradável, casas mal conservadas e terrenos abandonados e com mato alto, deixava a paisagem muito feia.

– Isso daqui deve ser apavorante à noite – falou Jaqueline com cara de espanto.

– Realmente não é um lugar indicado para se passar uma noite – respondeu Armand.

– Olhem o furgão preto com o dragão na porta – avistou Joaquim.

O furgão estava estacionado na frente de uma casa de madeira com aspecto de abandonada, porém uma placa chamou a atenção dos três ocupantes do carro.

– É aqui. Olhem a placa no alto da casa.

– Terreiro do Babalorixá Thomas, resolvemos problemas financeiros, trazemos o seu amor em três dias. – Armand leu a placa apontada por Jaqueline.

– Mestre, estas casas de religiões magísticas não são sempre associadas a um guia espiritual que é o chefe da casa e por isso acabam levando seu nome? – perguntou Jaqueline.

– Sim Jaqueline, as casas sérias que levam sua religião como porta de aproximação a Deus, fazem uso do nome de um guia chefe, mas este não parece ser o caso, pois religião séria não interfere no livre arbítrio das pessoas.

– Como assim mestre? – quis saber mais Jaqueline.

– Quando ele coloca que traz o amor em três dias, ele está indo contra o livre arbítrio de alguém e as consequências disso após o desencarne é grande, pois a lei divina é justa e no acerto de contas teremos que arcar com nossos atos.

– Já sabemos aonde é o terreiro, vamos – chamou Armand.

– Mas não vamos fazer nada Armand? – retrucou Jaqueline com ar de indignação.

– Não podemos fazer nada ainda Jaqueline, não temos nenhuma prova.

– Mas o que o Alcides nos contou, não vale?

– Prometi a ele que não o envolveria neste caso.

– E o que faremos, vamos deixar isso impune e não saber se são os Cavaleiros da Escuridão?

– Voltaremos à noite para ver o que acontece aqui, segundo Alcides hoje é dia de sessão, eles dão consultas. Temos que ter calma se não colocamos tudo a perder.

– Mas nosso tempo é curto Armand, nós não podemos aceitar que o mal prevaleça, concorda?

– Armand está certo, Jaqueline. Temos que agir com muita cautela.

O Primeiro Portal

De volta para casa de Armand, Jaqueline ainda não estava conformada com a atitude do amigo, principalmente por ser ele um delegado da Polícia Federal. Joaquim tentava acalmá-la e fazê-la compreender.

– Jaqueline, se o Armand tomasse qualquer atitude precipitada usando a emoção no calor da investigação, poderíamos colocar tudo a perder e toda nossa procura iria por água a baixo. Temos que agir com cautela, para sermos certeiros em nossa ação. Não temos tempo para errar.

– Mas podíamos pelo menos ter batido na porta deles para saber de alguma coisa.

– E deixar eles intrigados com nossa visita e fugirem?

– É verdade, vocês têm razão. Acho que fui mais pela emoção, prometo me controlar da próxima vez. Armand o que faremos agora? – perguntou Jaqueline se mostrando ansiosa em saber os próximos passos daquela operação.

– Estou pensando como vamos agir esta noite naquele terreiro. Não podemos deixar pista alguma que estamos investigando o lugar.

Joaquim se antecipando ao próximo comentário de Jaqueline sugere que Armand e ela se passem por um casal em busca de soluções imediatas para seus problemas financeiros ou amorosos.

– Vocês vão lá como um casal e se consultem. Criamos uma história e vejam o que conseguem descobrir.

– É uma boa ideia, assim enquanto esperamos para sermos atendidos, tento descobrir alguma coisa que possa nos dar indícios que é o local que procuramos.

– Mas isso não é perigoso? – disse Jaqueline assustada.

– Se formos bem discretos para não chamarmos a atenção, e seguirmos o plano à risca, nós não teremos problema. Você acha que consegue?

– Sim Armand, fique tranquilo.

– Mas e o senhor mestre, não irá com a gente?

– Não, ficarei aqui, preciso fazer algumas coisas para auxiliar no socorro àquela pobre alma.

– Vou te levar para sua casa – disse Armanda para Jaqueline – assim você se prepara para nossa visita ao terreiro.

– Obrigada, preciso tomar uma banho e relaxar um pouco para estar pronta para o que vier.

Os dois se despediram de Joaquim e seguiram em direção à casa de Jaqueline.

– Bem, está entregue, passo aqui às oito horas para te buscar.

– Certo – respondeu Jaqueline e depois continuou cabisbaixa. – Armand, me desculpe por hoje à tarde, me comportei como uma criança que não consegue controlar as emoções.

– Não se preocupe com isso, não conseguimos manter a razão a todo instante, nossa parte emocional também da os seus gritos de liberdade.

– Mesmo assim me desculpe.

Ao se despedir de Armand, Jaqueline o beijou suavemente nos lábios, deixando-o atordoado e com seus sentimentos antigos renascidos depois de tanto tempo.

Quando Jaqueline ia se preparando para sair do carro, Armand a puxou em seus braços e retribuiu o beijo, porém desta vez com mais entusiasmo. Ao se afastarem ele se declara:

– Nunca te esqueci, e não vou deixar você fugir de mim mais uma vez.

Jaqueline sorri, mas não diz nada, também estava com suas emoções afloradas pelo acontecido naquele momento.

***

Eram oito horas em ponto quando Armand estacionou o carro na porta da casa de Jaqueline, foi em direção à entrada e tocou a campainha, sendo atendido em breve pelo pai de Jaqueline.

– Boa noite!

– Boa noite. Seu Francisco?

– Sim.

– Sou o Armand, não sei se lembra de mim.

– Ah, claro meu jovem, no outro dia fiquei na dúvida, mas depois me lembrei de você, entre a Jaqueline já está quase pronta.

– Obrigado.

Armand entrou na casa e aguardou na sala. O pai de Jaqueline se esforçava para deixar Armand à vontade, enquanto aguardava pela sua filha.

– Quanto tempo meu jovem. O que tem feito nesses anos todos?

– É verdade, estive bastante ocupado desde que Jaqueline se mudou para Roma. Mergulhei de cabeça em minha carreira para esquecer a saudade.

– E o que faz hoje meu rapaz?

– Trabalho em um órgão federal.

Antes que Francisco continuasse com seu inquérito diante de Armand, Jaqueline entra na sala deslumbrante como sempre, apesar da roupa simples que trajava.

– Papai está te enchendo de perguntas?

– Não, estávamos apenas conversando.

– Conheço bem seu Francisco. Gosta de averiguar o que todos fazem para ganhar a vida, principalmente se sente que pode ter algum envolvimento com sua filha.

– Realmente estávamos apenas conversando amenidades.

– Vamos Armand? Acho que já estamos atrasados para nosso compromisso.

– Vamos. Muito obrigado pela atenção seu Francisco.

– Não há de quê. Cuide bem de minha menina.

– O senhor pode ficar tranquilo, Jaqueline voltará sã e salva.

Jaqueline se despediu do pai e saiu com Armand para irem conhecer o tal terreiro que Alcides havia falado. Os dois estavam apreensivos com o que poderiam vir a descobrir ou o que poderia acontecer naquela noite.

– Está preocupado Armand?

– Um pouco, não sei o que pode acontecer lá.

– Assim você me assusta.

– Fique tranquila, estou acostumado com estas situações.

Durante todo o percurso, tentaram esquecer a visita que iriam fazer e conversaram sobre assuntos variados, lembrando a época que estavam na faculdade. Quando se deram conta já estavam na rua do terreiro. A adrenalina subia na medida em que se aproximavam do local. Jaqueline se mostrava tensa, Armand tentava acalmar a amiga e demonstrava muita serenidade.

– Você está bem?

– Um pouco nervosa, mas vou ficar bem.

– Respire fundo e relaxe, não pode transparecer nenhum nervosismo, para não chamarmos atenção.

– Pode deixar, já estou me acalmando. Mas se nos descobrirem e quiserem fazer alguma coisa com a gente?

– Fique tranquila, estou preparado. Como sou delegado sempre ando armado, para qualquer eventualidade.

– Eu não sei se fico calma ou fico mais tensa ainda.

– Não se preocupe querida, nada de mal irá acontecer.

Na rua, apesar de mal iluminada e com aspecto assustador, havia vários carros, de todos os tipos, dos mais luxuosos aos mais simples, estacionados próximo ao terreiro. O lugar parecia ser bem popular.

Armand estacionou seu carro em um lugar estratégico, caso precisasse realizar uma fuga inesperada. Desceram do veículo e se encaminharam ao portão do terreiro.

Ao se aproximarem, Jaqueline já apresentava um semblante mais tranquilo. Na porta de entrada dois homens mal encarados conversavam para disfarçar o real objetivo de estarem ali. Eram seguranças do suposto pai de santo. Armand e Jaqueline passaram pelo portão, que estava aberto.

Um pequeno jardim mal cuidado fazia parte da fachada da casa. A placa que de dia era fácil de visualizar, de noite era iluminada apenas por uma pequena lâmpada e mal se conseguia ler o que estava escrito. Logo ao lado do portão, uma casinha com velas acesas em seu interior e uma imagem assustadora, completava o visual da entrada do local. Cumprimentaram os dois supostos seguranças e adentraram em um salão principal, com cadeiras dispostas uma ao lado da outra e com todos os acentos ocupados por pessoas de diversas classes sociais; todas aguardavam o momento de serem atendidas.

Uma pequena cortina colorida dividia a entrada de outro aposento, onde o pai de santo realizava o atendimento às pessoas que ali estavam. Um homem magro e com cara de poucos amigos chamava os consulentes um a um para as consultas.

Armand se dirigiu até ele para obter informações de como faria para ser atendido:

– Boa noite! Aonde pego uma senha para consulta?

O homem não se dignou nem a responder a pergunta de Armand, apenas apontou para uma mesa atrás da porta onde havia uma caixinha de madeira com os números dispostos em ordem. Armand foi até o local indicado, pegou sua senha e foi em direção a Jaqueline.

– Já estamos com a senha, agora é só aguardar sermos chamados. Enquanto isso eu vou lá fora ver se consigo descobrir algo.

– Cuidado, vou sentar ali para esperar nossa vez e tentar puxar assunto com alguém para ver se também descubro alguma coisa.

– Muita cautela, nós não podemos chamar atenção, se não colocaremos tudo a perder.

– Fique tranquilo serei mais discreta possível.

– Cuidado. – Armand dá um beijo suave em Jaqueline e sai da casa para fazer sua averiguação.

Já do lado de fora, acendeu um cigarro para não ficar evidente sua verdadeira intenção e puxou assunto com um dos rapazes que estavam por lá.

– Boa noite! Está cheio hoje ou é sempre assim?

O homem respondeu apenas com a cabeça afirmativamente, porém sem emitir um único som. A cara do sujeito era de poucos amigos e não parecia muito interessado em conversar com Armand que, diante daquela situação, começou a passear pelo pequeno jardim.

Armand não fumava, tinha levado o cigarro apenas para usar como álibi, o que funcionou, pois num momento de distração dos dois rapazes, conseguiu entrar em um corredor lateral da casa. A passagem era escura, porém uma pequena janela próxima ao chão, que poderia dar acesso ao porão da casa, estava com uma luminosidade quase imperceptível. Parecia que aquela iluminação era proveniente de velas, devido a pouca luz e sua coloração avermelhada. Armand se aproximou e se agachou para tentar ver o que havia por de trás daquele ponto, e ao olhar por uma fresta, viu uma imagem estarrecedora.

Limpou a vidraça com a mão, para ter uma visão melhor do ambiente e falou baixinho.

– Estávamos certos, este deve ser um dos portais, acho que já podemos ir embora e pensar como vamos destruí-lo.

Armand tratou de se levantar e sair dali antes que alguém o visse. Foi se afastando devagar e sem fazer barulho, quando estava quase saindo do corredor, um dos seguranças chamou-lhe à atenção.

– O que você está fazendo aí?

– Acho que me perdi em meu passeio.

– Este lugar não tem acesso permitido aos consulentes de pai Thomas.

– Desculpe, não queria invadir a privacidade de vocês, realmente me distraí.

– Volte para o salão e aguarde sua consulta, antes que o coloquemos pra fora.

Neste momento o outro segurança que estava do lado de fora se aproximou e perguntou ao seu companheiro.

– Será que ele viu alguma coisa?

– Acho que não, ele não teve tempo de ir até o fundo.

– Vamos ficar de olho, se ele resolver ir embora agora, é porque ele viu o porão.

– Certo, e se isso acontecer?

– Damos um jeito no cidadão.

Armand se dirigiu para o salão sem olhar para trás para não chamar a atenção dos seguranças. Ao se aproximar de Jaqueline, relatou o que descobriu.

– Estamos no lugar certo. Tenho quase toda a certeza que estamos no local de um dos portais.

– E o que vamos fazer agora.

– Ainda não sei, mas vou pensar em alguma coisa, pois não tenho ideia de como destruí-lo, já que sua atuação é no astral, apesar de possuir sua parte material.

– Então não precisamos mais ficar aqui. Vamos embora que este lugar me dá arrepios.

– Não podemos sair agora, chamaríamos muita atenção, pois os seguranças quase me pegaram bisbilhotando.

– E o que vamos fazer.

– Vamos entrar para consulta e colocar todo o nosso conhecimento da espiritualidade em ação. Vai ser bom para colocar nosso aprendizado em prática.

– E se nos descobrirem?

– Não irão descobrir. Chegaram mais pessoas depois de nós?

– Sim, mais cinco.

– Ótimo, assim não seremos os últimos a sair deste lugar.

O salão da casa aos poucos ia se esvaziando e cada vez mais chegava perto da hora do atendimento de Jaqueline e Armand. A cada consulente que se levantava Jaqueline ficava mais apreensiva, queria sair daquele lugar, a energia que emanava do ambiente era densa e a incomodava muito. Jaqueline viajava em seus pensamentos, quando foi despertada por Armand.

– É nossa vez.

– Sério? – Jaqueline não conseguia esconder seu nervosismo.

– Relaxe, nada irá acontecer. Vamos.

Jaqueline e Armand seguiram em direção ao quarto misterioso. Quando o homem abriu a cortina, a visão que tiveram os deixou estarrecidos. A sala não era muito grande, porém escura, iluminada apenas por velas vermelhas e pretas espalhadas em um altar localizado atrás da cadeira, onde a entidade incorporada no pai de santo estava sentada. No altar, imagens com aparências diabólicas coagia os consulentes, fazendo-os respeitar o tal pai de santo, com medo de represália. À frente da entidade dois banquinhos dispostos um do lado do outro, porém em nível mais baixo que a poltrona que parecia mais um trono onde fazia seus atendimentos.

Armand e Jaqueline se sentaram diante da suposta entidade incorporada, foram recebidos por um sorriso e, logo em seguida, por uma gargalhada assustadora. Notando a cara de espanto de Jaqueline, o homem sentado à sua frente, se estica em direção a ela e com um olhar assustador e intimidador lhe pergunta.

– Está com medo filha?

– Não, apenas me ambientando, nunca tinha estado em um lugar como este.

– Mas a filha pode ficar tranquila, pois vou ajudar você.

Armand notando o nervosismo de Jaqueline puxou a conversa para si.

– Estamos atravessando problemas financeiros que estão afetando nosso relacionamento e precisamos de ajuda.

Imediatamente o homem tirou o olhar de Jaqueline e se virou para Armand.

– O Filho está bem carregado, precisa fazer trabalho para afastar estas energias densas que lhe acompanham.

A consulta continuou por mais alguns minutos, terminando com uma receita de banho de descarrego e uma oferenda para ser entregue em um cemitério.

– O filho volta na semana que vem e traga estas coisas que estou pedindo para terminar o trabalho. Hoje só vai pagar a consulta e na próxima visita, terá que trazer trezentos reais para realizar o trabalho. E se não vier às coisas podem piorar. Entendeu filho?

– Entendi tudo. Semana que vem estarei aqui com todos esses produtos que solicitou.

– Filho é esperto, quer a vida de volta e parar de sofrer. Vocês já podem ir.

Jaqueline e Armand se levantaram, pagaram pela consulta ao homem que estava na porta e saíram da sala de atendimento. Sem fazer parada nenhuma no salão maior, foram direto para o carro, queriam logo sair daquele lugar.

Já a caminho de casa iam conversando sobre tudo que observaram e puderam concluir da visita nada ortodoxa. Jaqueline estava muito excitada com tudo aquilo, tivera momentos de muita tensão naquela noite.

– Você conversou com alguém lá dentro enquanto esperava para ser atendida?

– Conversei com uma senhora distinta, não parecia passar por problemas financeiros, ela me disse que aquele pai de santo havia sido indicado por um amigo que era Juiz.

– Um Juiz? Estranho! Por que um Magistrado indicaria um pilantra desse a uma amiga?

– Não sei... logo depois você chegou e paramos de conversar.

– Quem seria o Juiz que teria algum tipo de envolvimento com um pai de santo deste? – se questionou Armand.

– E agora Armand, como vai fazer para destruir esse portal? O que faremos agora?

– Não sei ainda, mas vou conversar com o mestre Joaquim para saber como procederemos. Mas antes vou deixar você em casa.

– Não quero ir pra casa, quero ir com você, também tenho interesse neste assunto.

– Prometi a seu pai que te deixaria em casa sã e salva.

– Mas não quero ir pra casa.

– Tudo bem, apenas avise seus pais para não ficarem preocupados. Avise que irá dormir lá em casa hoje, assim podemos trabalhar sem preocupação de horário.

– Certo!

Preparação para a Batalha

Ao chegarem na casa de Armand, Joaquim esperava ansioso por notícias.

– Como foi lá? Conseguiram descobrir alguma coisa?

– Jaqueline estava certa. Lá está instalado um dos portais.

– Você viu o portal?

– O portal propriamente dito não, mas as evidências são grandes. É o primeiro terreiro que visito que tem seguranças. A casa possui um porão, e consegui ver através de uma pequena janela lateral, que estava iluminado com velas, porém quando ia verificar o lugar os seguranças me abordaram – explicou Armand. – Mestre, como nós iremos saber se realmente esse é o local e como destruiremos o portal? O tempo está passando muito rápido e precisamos agir.

– Enquanto estavam no terreiro, realizei um ritual de conexão com o mundo astral para saber como poderia ajudar àquela pobre alma e obter informações de como agiríamos.

– E o que faremos agora? – disse Jaqueline toda ansiosa.

– Precisamos conectar Armand com o mundo astral para que possamos prepará-lo para a desarticulação deste portal.

Armand se mostrava apreensivo e curioso com o tal ritual. Porém se mostrava pronto para realizar o que fosse preciso para evitar o que estava por vir.

– Como será esse ritual mestre?

– Relaxe meu amigo, tudo na sua hora. Quanto mais ficar tranquilo melhor será o nosso resultado. Já preparei o quarto de hóspede para que possamos realizar o ritual lá.

– Posso ver?

– Não. Primeiro irá tomar um banho de higienização, e outro com um preparado que fiz. Já coloquei no seu banheiro, este segundo banho é de limpeza e energização. Depois, coloque a túnica que deixei dobrada em cima de sua cama, será utilizada em nosso ritual. Com esses banhos e esta roupa energizada deixamos seu corpo material e espiritual limpos para a iniciação do ritual.

– O senhor já quer começar isto agora?

– Descanse um pouco para baixar o estresse da visita.

Já era meia-noite quando Armand foi se preparar para o ritual. Vinte minutos após, ele apareceu na sala trajando uma túnica branca e longa.

– Estou pronto mestre.

– A túnica ficou perfeita em você Armand – aprovou Joaquim.

Jaqueline não se conteve em ver seu amigo trajando aquela roupa nada convencional aos dias de hoje.

– Você está lindo, parece um monge.

– Obrigado. Apesar de sentir um pouco de ironia em seu comentário.

O diálogo dos dois foi logo interrompido por Joaquim.

– Vamos ao ritual. Jaqueline você nos espera aqui.

– Mas não posso assistir?

– Não. Este ritual é de alta magia e a movimentação de energia é intensa, e isso pode lhe afetar.

– Qual a finalidade de tal ritual? – perguntou Jaqueline.

– Vamos preparar Armand para possíveis batalhas no astral e no mundo físico. Vamos nos deparar com muita energia densa e magia negra de grande força. Para isso Armand precisa estar preparado.

– E nós não precisaremos nos preparar?

– As batalhas que serão travadas no astral, apenas o Armand participará, nós daremos apoio energético durante os combates.

– Mas isso é injusto, pensei que participaria desta luta também. Tenho pesquisado e estudado muito sobre os Cavaleiros da Escuridão e agora vou ficar de fora.

– Mais importante que guerrear, será o apoio tanto mental como energético que lhe daremos durante os confrontos. Sem seu conhecimento adquirido sobre os Cavaleiros da Escuridão, não conseguiríamos dar o suporte necessário para Armand. Pela ligação que vocês têm, será possível você estar em contato mental direto com ele, passando além de sua energia, seus conhecimentos para que possa combater esta força do mal.

– Ok. Aguardarei na sala. – Jaqueline concordou, apesar de muito contrariada em ficar de fora das batalhas que seriam travadas.

Armand e Joaquim se dirigiram ao quarto que já estava preparado. Um grande pentagrama havia sido desenhado no centro do cômodo, uma vela branca acesa em cada ponta da estrela ajudava na iluminação do ambiente, além de ter seu significado naquele ritual. Em um canto do quarto uma concha de abalone liberava uma fumaça feita com a queima de ervas. O cheiro era agradável e tornava o ambiente mais leve e limpo.

– Armand entre e se posicione no centro do pentagrama. Feche os olhos e relaxe, sinta o aroma das ervas e a música que será entoada. Limpe sua mente e deixe se levar pelas energias que invadirão esse quarto e seu corpo. Não tenha medo, estarei o tempo todo aqui e as energias que você sentirá serão positivas e ligadas às grandes forças divinas.

Armand se posicionou no centro do pentagrama, fechou os olhos e começou a se concentrar no aroma que inundava o quarto e numa cantiga que logo Joaquim começou a entoar. Parecia uma daquelas ladainhas ouvidas no nordeste durante procissões e velórios, mas que lhe davam uma sensação de grande tranquilidade.

Não demorou muito para que seu corpo todo começasse a vibrar. Um calafrio se espalhava por sua espinha e ia até sua cabeça. As velas aumentaram a intensidade de suas chamas. Armand entrou em transe e quando se deu conta estava em uma clareira no meio de uma mata verde.

***

O som da cachoeira ao fundo e o canto dos pássaros lhe pareciam muito reais, sentia a umidade da terra tocando seus pés, assim como o aroma das plantas entrando por suas narinas. O frescor do clima tomava conta de seu corpo, a sensação era de paz e alegria. Estava de olhos bem abertos apreciando àquela paisagem, parado no mesmo lugar; parecia esquecer-se de tudo.

No meio de seu êxtase, ouviu um barulho de galhos sendo pisados e quebrados. Alguém se aproximava, ele não conseguia se mexer nem se virar para ver quem era. Um misto de tensão e medo correu pelo seu corpo. O barulho aumentava, mas nada podia fazer. Em um momento de muita tensão, sentiu uma mão tocar-lhe o ombro.

– Relaxe filho. O velho não falou que não deveria se preocupar, que estaria em paragens seguras?

– Tentei me conter, mas como não conseguia me virar e nem me mexer, fiquei apreensivo.

O homem que se aproximara de Armand era um velho pajé de uma tribo já extinta em nosso território. Estavam os dois em algum lugar do mundo espiritual.

Quando o homem tirou a mão dos ombros de Armand, ele conseguiu se mexer e virar em direção à voz que lhe falava.

– Peço perdão se por algum momento minha fé foi abalada, mas realmente nunca passei por uma situação assim.

– Não precisa se desculpar. Venha comigo, quero lhe mostrar algumas coisas.

O velho Pajé caminhava lentamente pela mata apoiado em um cajado. Ao andar parecia que as folhas e os arbustos iam dando passagem para que ele continuasse. Armand resolveu seguir sem questionar, pois estava ali por um motivo importante e deveria aproveitar todos os momentos e informações que lhe fossem dadas. Caminharam por alguns instantes e logo avistaram uma tribo indígena. As crianças correram em direção ao Pajé para saudá-lo e ver de perto quem era seu convidado. Elas exalavam amor, carinho e muita curiosidade, a sensação era muito diferente do que Armand já pudera sentir. Era um sentimento verdadeiro. Algumas índias realizavam serviços manuais e, vez ou outra, dirigiam o olhar para Armand. Guerreiros indígenas afiavam suas lanças enquanto outros cuidavam da segurança da tribo. Poucos encarnados haviam entrado ali. Em seguida, foram até uma oca no centro daquela aldeia, um lugar repleto de artesanatos, máscaras e algumas panelas com uma fumaça similar a que havia visto no quarto onde estavam realizando o ritual. O ambiente era iluminado pela luz do sol que adentrava naquela enorme oca pelo seu topo.

Chegaram ao centro da cabana, onde se encontravam um caldeirão e dois banquinhos posicionados de frente um para o outro. O Pajé se sentou em um dos banquinhos e falou:

– Sente-se meu filho. Fique à vontade.

– Obrigado. – Armand estava estarrecido com tudo o que via, nunca estivera em uma aldeia indígena no mundo físico. Agora estava ele em uma aldeia no mundo astral. Aquilo tudo deixava seus sentimentos e emoções em confusão, um misto de tranquilidade e segurança, com uma apreensão muito grande pelo que viria pela frente, ele então não se conteve e quis saber:

– Minha cabeça está em um redemoinho de sensações e preciso de algumas respostas.

– Pergunte filho. Você tem direito de saber o que está acontecendo.

– Obrigado, pra começar, onde estou?

– Como vê, você está numa comunidade indígena localizada no plano astral, próxima da cidade que você mora. Somos os Tupinambás, uma tribo que foi extinta na época do Brasil colônia. Cometemos nossos erros, tomamos atitudes que não condiziam com as leis divinas e depois de longo tempo de sofrimento, nos conscientizamos que erramos, hoje buscamos reparar nossas falhas auxiliando os irmãos encarnados segundo os princípios de nosso Pai Maior.

– O que faço aqui? – indagou Armand ainda confuso.

– O filho sabe que foi convocado a engrossar as fileiras do bem, por tudo que já realizou nessa e em outras vidas. Esta batalha faz parte de uma guerra sem fim, em busca do equilíbrio entre os dois mundos. As trevas têm conseguido grandes sucessos sobre nossos irmãos, porém nada passa despercebido pelo Pai e está na hora de refrearmos estas ações. O mal nunca será extirpado da sociedade, porém deve ser freado para que o desequilíbrio e a desarmonia não imperem no mundo físico.

– E estes portais que preciso destruir, são estes os avanços que o senhor fala?

– Sim. A conduta que nossos irmãos têm tomado, pela busca desenfreada por poder, luxúria e outros males, são os meios que afastam a criatura do Criador. E essa busca fez com que as forças do mal despertassem, e com isso passaram a acreditar que era possível dominar a mais maravilhosa das criações de Deus: o Ser humano. Por isso precisamos colocar tudo em seu devido lugar antes que seja tarde.

– Mas por que não foi evitado isso antes?

– Deus quando criou o homem, lhe deu o livre arbítrio, portanto não podemos interferir em suas ações, apenas ajudar para que sigam o caminho por ele traçado. Só entramos em ação quando chegamos a níveis extremos de perigo.

– E como serei capaz de sozinho combater este mal que vem como avalanche?

– Não estará sozinho filho. Todos os servidores da luz estarão ao seu lado. Por isso está aqui.

– E qual a razão da minha vinda para esta aldeia?

– Vamos prepará-lo para suportar as batalhas e nos colocar à sua disposição para quando precisar. Lutaremos ao seu lado.

– E como saberei que é o momento de usar este auxílio, esta força?

– Você saberá. Tudo tem o seu tempo certo e sempre estaremos por perto. Precisamos agora começar nosso ritual, pois há muito que fazer.

Armand se encontrava imóvel dentro do pentagrama, apenas alguns tremores corriam seu corpo lhe tirando o equilíbrio de vez em quando.

– Filho, feche os olhos e não se preocupe com nada – orientou o velho Pajé Tupinambá a Armand, que seguiu sem mais questionar.

Logo começou uma cantoria em tom baixo, parecendo mais um murmúrio. Armand, apesar de estar com os olhos fechados, sentia a presença de vários guerreiros à sua volta cantando e dançando, como se estivessem se preparando para uma guerra. O Pajé suavemente começou a pintar seu rosto, pintura tradicional de um guerreiro Tupinambá, em seguida, começou a passar folhas pelo seu corpo e quando o ritual já estava chegando ao fim, ele sentiu uma ardência, como se algo tivesse sido marcado a fogo em sua pele, porém a dor era suportável e não chegou a preocupar. No final do ritual, o Pajé parou a cantoria.

– Pronto filho. O que precisava ser feito, foi feito, pode abrir seus olhos.

Ao abrir os olhos Armand não se conteve e fez mais uma pergunta.

– Durante o ritual senti uma ardência no peito como se alguma coisa me queimasse. O que aconteceu?

O Pajé esticou a mão em direção a Armand e afastou o decote de sua túnica.

– Este é o símbolo dos Tupinambás. Quando chegar a hora e sentir que precisa de ajuda, toque neste símbolo, que apenas está gravado em seu corpo espiritual, e estaremos com você onde estiver. Este símbolo também lhe trará a sabedoria de um guerreiro para localizar seus inimigos e se preparar para o combate.

Armand olhou para o símbolo, agradeceu e se despediu do Pajé.

– Acho que chegou a hora de partir.

– Vá em paz meu filho. E tenha a certeza que sempre estaremos ao seu lado, em qualquer momento de sua vida.

Armand se levantou, deu uma última olhada para o Pajé, como pedindo autorização para seguir, e caminhou em direção à saída da grande oca. Ao cruzar a porta de entrada, já não estava mais na tribo.

***

Armand fora transportado para uma época distante da anterior, uma região que nada se comparava a uma mata e em outra localização longe dali. O cenário era um castelo da era medieval. Era o centro de uma praça. Um chafariz enfeitava o local. Jardins bem cuidados ornavam àquele ambiente. Alguns guardas trajados com armaduras que reluziam à luz do sol, circulavam em perfeita harmonia dentro do castelo. Nas muralhas, soldados se colocavam em sentinela para proteger os limites daquele enorme castelo. Mais uma vez Armand sentiu aquela sensação de imobilidade, não conseguia se mexer e nem se virar.

Não demorou muito e um destacamento de soldados com vestimenta diferenciada dos demais, se aproximou de

Armand. Eles portavam espadas douradas, que com a incidência da luz do sol, pareciam se transformar em espadas flamejantes, as armaduras eram prateadas e com o mesmo reflexo, pareciam ter luz própria: o cenário era extasiante. O grupo de soldados parou diante de Armand e um deles, o que parecia ser o líder daquele destacamento, falou:

– Bem vindo ao nosso posto avançado meu amigo, estávamos à sua espera.

– Obrigado pela recepção, mas estou confuso. Por que não consigo me mover?

– Desculpe. Mas isso é um procedimento para sua própria segurança, para que nada saia do previsto.

Neste momento aquele soldado que lhe falava, tocou seu ombro, como o Pajé havia feito e Armand recobrou seus movimentos.

– Assim é bem melhor.

– Venha conosco. Nosso general lhe aguarda.

Armand seguiu o soldado escoltado pelos demais daquele pelotão, passaram por entre os corredores do castelo, salas e salões. A energia que emanava daquela construção era forte, revigorante, porém com um toque de harmonia e bem estar.

Após alguns minutos de caminhada, surgiu diante dele uma grande porta de madeira maciça, onde um homem apenas, não conseguiria abri-la, porém ao se aproximarem, como que em um passe de mágica, ela se abriu diante de seus olhos, sem ao menos alguém tocá-la. Atrás da imponente porta tinha um salão de amplas proporções, muito bem iluminado pelos raios solares. Uma grande cruz se posicionava na parede à frente de Armand, onde logo abaixo, havia uma mesa e um homem, que se parecia com um general de um exército de cavaleiros, acomodado em uma enorme cadeira. O salão possuía desenhado em suas paredes, símbolos jamais vistos por Armand, além de quadros que pareciam ser de figuras ilustres daquele castelo. Os vitrais, com a incidência da luz do sol, faziam desenhos graciosos no chão.

Armand foi conduzido até à frente da mesa e foi convidado a se sentar. Os soldados que o haviam levado ao local, rodaram sobre os calcanhares e se retiraram. Ao cruzarem pela grande porta, esta se fechou sem que ninguém lhe pusesse a mão. Ele estava sentado imóvel diante do general, apreciando a decoração do salão, quando foi resgatado de seus pensamentos pelo homem a sua frente.

– Como se sente?

– Um pouco confuso com tudo que tem me acontecido, porém, tranquilo.

– Isso é normal para quem, pela primeira vez, tem um contato mais profundo com o lado de cá.

– Onde estou?

– Você está em um posto avançado dos Guerreiros da Luz, este posto cuida das investidas das trevas contra os encarnados, são nossos hospitais neste mundo.

– Por que estou aqui? Desculpe tantas perguntas, mas tudo ainda é muito novo para mim.

– Não se preocupe com isso. Sua vinda ao nosso posto tem a ver com a batalha que já começou a travar. Toda ajuda que tiver à sua disposição será de grande valia quando chegar a hora do embate final.

– Isso está me preocupando muito, pois tenho visto que minha batalha não será fácil.

– A luta contra o mal nunca foi uma tarefa fácil, a cada batalha temos que estar preparados para tudo. Precisamos estar não só bem equipados com o melhor armamento, mas também estarmos com nossos pensamentos sempre voltados para o bem e elevado ao Criador. Isto sim é um armamento de valor para qualquer batalha contra os trevosos. Se sempre estiver em vigília, poucas serão as chances de seus inimigos lhe atingirem.

– Mas isso não parece ser tão simples assim – ponderou Armand. – Todo dia temos algo que nos tenta a formular maus pensamentos e atos impróprios para que possamos seguir no bem.

– Diariamente não só os encarnados, mas todos nós, somos testados em nossas atitudes e em nossa fé.

– Isso tudo para mim ainda é estranho, mas sei que vou me acostumar.

– Não queremos santos. Sabemos que a conduta ilibada o tempo todo é complicada, porém se conseguirmos manter nosso caminho voltado para o bem, já é uma grande ajuda. Os encarnados hoje se encontram em meio a uma batalha entre o astral superior e o inferior, por isso este turbilhão de sentimentos e emoções que vêm como avalanches sobre vocês. Tentamos buscar este equilíbrio e intuir que sigam para o bem, mas as armas dos trevosos são vis e não possuem ética alguma, com isso conseguem desvirtuar muitos. Não precisam deixar de viver e aproveitar a vida, e não carecem ficar enclausurados em igrejas orando todos os dias por um mundo melhor ou para buscar sua própria salvação. Basta que tenham mais compaixão com o próximo e diminuam esta busca desenfreada pelo poder ou pelos prazeres ilícitos. Se estivermos com nossos pensamentos focados para o bem, podemos passar por paragens perigosas que nunca seremos atingidos.

– Compreendo. Parece que as pessoas esqueceram de que cada um possui sua dor e essa dor faz parte de um crescimento, de uma evolução, porém não nos atentamos que com o sofrimento, conseguimos aprender a usar este aprendizado para seguir adiante. E se não nos ajudarmos mutuamente, esse fardo ficará cada vez mais pesado. Entretanto, também sabemos que não podemos obrigar o próximo a seguir a conduta que achamos correta.

– Isso é o livre arbítrio meu irmão. Portanto, temos que aprender que não adianta abandonarmos nossos jardins para tentar convencer o vizinho a cultivar o seu. Só podemos ajudar o próximo quando este nos solicita, pois caso contrário, não cuidamos do nosso jardim e nem conseguimos que o vizinho cuide do dele.

– E como faremos para ajudar a quem não nos solicita?

– Se cuidarmos de nosso jardim, com amor e dedicação, a energia que emanará, atingirá o nosso vizinho, fazendo com que ele cuide de seu jardim ou peça ajuda para recuperá-lo.

– Bem, a conversa está boa, porém temos um trabalho a realizar. – Armand se despediu e continuou sua viagem.

***

Aos olhos de Joaquim, Armand se mostrava ainda em transe, seu corpo às vezes tremia, às vezes ficava imóvel, porém continuava em pé no meio do pentagrama. O ritual já durava dez minutos no tempo dos encarnados, mas para Armand, parecia que já haviam se passado horas.

Armand ainda fora levado para mais duas regiões do astral, onde buscaria ajuda das Amazonas dos Ventos e dos Guerreiros da Justiça.

O ritual continuou por mais dez minutos, quando Joaquim aos poucos, foi trazendo seu pupilo para o mundo físico. Ao sair totalmente do transe, Armand se sentia esgotado, o gasto de energia vital neste tipo de ritual era grande. Porém Joaquim já estava preparado para isso e deixou uma reserva energética para quando o rapaz retornasse ao seu corpo físico.

Armand foi retornando aos pouco, ele ouvia a voz de seu mestre ao longe.

– Respire devagar, relaxe, tudo agora está voltando ao normal. O desgaste foi grande e você precisa se acalmar para que tudo fique bem – orientou o mestre com cuidado.

A voz de Joaquim já parecia mais próxima, Armand começava a acordar e seu corpo tremia como se estivesse em uma geleira. Ele abriu os olhos, suas mãos suavam, não conseguia ter controle de seu corpo. Amparado pelo mestre, foi levado até uma cama já preparada para seu descanso.

– Você precisa se deitar agora meu amigo, precisa refazer suas forças. Preparei esta bebida que vai te ajudar a repor suas energias.

Armand bebeu o líquido preparado por Joaquim e depois se deitou.

– O que é isso que bebi? É muito ruim.

– Algo que vai te auxiliar. Descanse agora, depois conversaremos.

Joaquim acomodou Armand na cama, como um pai faz com seu filho, fechou a porta do quarto e se dirigiu para a sala, onde Jaqueline aguardava ansiosa.

– Como ele está? Correu tudo bem? O que foi feito?

– Calma Jaqueline, uma pergunta de cada vez. Sim ele está bem. Está apenas descansando para repor suas energias. Correu tudo bem. Quanto ao que aconteceu, vamos esperar Armand acordar para que nos conte. Enquanto isso o que acha de prepararmos alguma coisa para comer?

– Boa ideia. Estou faminta. Ansiedade me faz uma devoradora de comida.

O dia já havia amanhecido quando Armand acordou. Todos ainda dormiam. Foi até a cozinha preparar algo para comer, estava com muita fome. Tentou fazer o mínimo de barulho possível, mas o cheiro da omelete que preparava acordou seus hóspedes. A primeira a aparecer foi Jaqueline, ainda com a cara amarrotada de quem acabara de acordar.

– Bom dia!

– Bom dia. Como você está Armand?

– Estou ótimo, acordei faminto, parece que dormi amarrado e não comia há muito tempo.

Antes que Jaqueline respondesse, Joaquim foi mais rápido.

– Isso é normal, depois de um ritual que lhe consumiu boa parte de suas energias.

– Bom dia mestre!

Morrendo de curiosidade, Jaqueline não se conteve.

– Agora já posso saber o que aconteceu? Nem consegui dormir direito de tanta curiosidade.

Armand e Joaquim riram da ansiedade da amiga.

– Vamos preparar um bom café e conversamos à mesa.

Durante todo o café Joaquim contava a Jaqueline e Armand sobre o ritual e a necessidade de buscar ajuda no astral. Armand por sua vez relatava em detalhes o que acontecera. Jaqueline prestava atenção a tudo que era dito sem piscar os olhos, quando foi interrompida de seus devaneios, por Joaquim.

– Não gostou da omelete que Armand preparou?

– Fiquei tão interessada na conversa que acabei me esquecendo de comer.

Todos riram, Jaqueline parecia uma criança ouvindo uma história da carochinha, de tão atenta que ficou aos relatos.

– Tudo foi muito novo para mim. As sensações, os encontros. Tudo parecia muito real.

– Mas foi tudo real, porém em uma dimensão diferente da nossa. O mundo espiritual não é um mundo de sonhos, de fantasias ou faz de conta. É tão verdadeiro quanto o nosso, porém em uma dimensão diferente e uma evolução superior à nossa, apesar de você ter se deparado com uma tribo indígena e um castelo medieval. A forma que se apresentam é de acordo como sua mente os visualiza, assim como a roupagem fluídica em que se apresentaram para você, assim fica mais fácil seu entendimento e compreensão dos fatos.

Jaqueline estava impaciente à mesa, apenas esperando para falar.

– Mas por que só Armand poderá lutar no mundo astral?

– Porque foi ele o incumbido desta tarefa. Quando o preto-velho veio lhe falar e recrutá-lo para esta missão, sabia que ele estaria preparado. Já havíamos conversado sobre isso.

– Eu sei, mas ainda estou tentando me convencer de que não participarei da parte mais emocionante da missão.

– Não pense que sua parte da missão será fácil. Ele precisará de nosso apoio no mundo físico e este apoio deve ser dado por pessoas de confiança e que estejam inteiradas com o problema e sua real importância, evitando que as forças do mal vençam estas batalhas.

– Compreendo. Estarei à disposição para lhe ajudar no que for preciso.

– Sua ajuda será de grande valia, Jaqueline. Seus conhecimentos e informações sobre os Cavaleiros da Escuridão nos ajudarão a solucionar o quebra-cabeça aqui no mundo físico, além de alimentar Armand com novos fatos, que serão de extrema importância no momento certo.

A conversa e o café continuaram por boa parte da manhã. Já eram quase dez horas quando Armand se levantou e resolveu que precisava agir.

– Vou tomar um banho rápido e já retornamos à nossa missão.

– Vai meu filho, enquanto isso eu e Jaqueline arrumamos a cozinha e nos preparamos para lhe auxiliar na desarticulação do primeiro portal.

Após algum tempo Armand retornou à cozinha.

– Agora estou me sentindo novo, pronto para o que vier. O que vamos fazer mestre?

– Vamos fazer uma visita ao terreiro, porém desta vez no seu espaço astral, tentaremos induzir o dirigente da casa a se afastar daquele local para sempre, assim poderemos limpar o ambiente e fechar o portal que lá se encontra.

– E como faremos isso?

– Através da técnica do desdobramento.

– E o que eu farei? – perguntou Jaqueline ansiosa para saber se participaria de tal tarefa.

– Você irá como uma simples consulente, para ver como se darão as coisas no mundo físico.

– Mas não é perigoso ela ir sozinha?

– Sempre há perigo quando combatemos o mal, mas precisamos dela para nos trazer informações do local e você não poderá ir junto e eu estarei te dando o suporte energético.

– Fiquem tranquilos, sei me cuidar, estive em lugares perigosos em Roma também, buscando informações sobre minha pesquisa.

– Não sei não. Não quero me arriscar. Se algo sair errado, eles podem machucá-la.

– Que coisa! Já disse que sei me cuidar.

– Fique tranquilo Armand, Jaqueline estará bem acompanhada por nossos amigos do astral.

– Está bem, mas por precaução vou falar com um amigo do departamento para ir ao local para garantir que nada irá acontecer.

– Não precisa Armand. E como vai explicar para seu amigo o que estamos fazendo lá.

– Deixe comigo, além do mais você nem vai saber quem é. Ele só irá agir se for necessário

– Certo! – concordou Jaqueline.

– A conversa está boa, mas temos que nos preparar, não podemos perder tempo e nem falhar neste momento importante.

Desarticulando o Primeiro Portal

Já eram quase seis horas da tarde, quando Jaqueline se despediu de seus amigos e se dirigiu para o terreiro. Antes que a moça fechasse a porta Armand foi falar com ela.

– Se cuida. Não me perdoaria se algo lhe acontecesse.

– Fique tranquilo, vai dar tudo certo e daremos boas risadas depois que tudo terminar.

– Queria só lhe falar mais uma coisa – disse Armand se aproximando dela.

– O que é? – perguntou a moça.

– Eu nunca te esqueci, depois que tudo isso passar, quero retomar de onde paramos.

Jaqueline olhou para ele com olhos de aprovação, passou a mão pelo seu rosto e lhe deu um leve beijo em seus lábios.

– Vou cobrar isso. – Jaqueline sorriu e saiu.

Armand ficou parado alguns segundos, apreciando Jaqueline se afastar. Quando fechou a porta foi surpreendido por Joaquim.

– Você ainda gosta da moça, né?

– Na verdade eu nunca a esqueci, mestre, mas depois que tudo isso acabar, vamos ver o que acontece.

– Vamos nos preparar, não temos muito tempo.

– Só peço que me dê um minuto para eu ligar para o Roberto, ele irá garantir a segurança de Jaqueline.

– Certo. Enquanto isso eu vou me preparando.

Armand fez uma ligação, explicou ao amigo o que estava acontecendo, porém se privando de alguns detalhes e em seguida se dirigiu ao quarto que havia sido transformado em um santuário para realização dos rituais.

***

A noite já dava o ar de sua graça, quando Jaqueline chegou ao terreiro. Estava quente, o que era comum naquela época do ano, porém no subúrbio o calor se tornava mais intenso, pois não recebia a brisa marinha. A rua, como anteriormente, estava repleta de veículos de todos os níveis sociais. Jaqueline estacionou o carro de Armand em um lugar próximo, desceu e se encaminhou para entrada da casa.

Os dois homens com cara de poucos amigos estavam no portão conversando, Jaqueline os cumprimentou e entrou. Mais uma vez a sala estava repleta de pessoas em busca de solução fácil para seus problemas, a maioria estava em silêncio e outras cochichavam como se estivessem em uma sala de espera de um hospital. Jaqueline pegou uma senha e achou um lugar para se acomodar. Estava apreensiva com o que poderia acontecer. Olhou para todos os lados tentando descobrir quem era o amigo que Armand havia pedido para ir até o terreiro para lhe garantir segurança, mas não conseguia achar quem pudesse ser. Talvez fosse esta a ideia, assim não correria o risco de colocar tudo a perder.

As horas foram passando e as senhas foram chamadas uma a uma, Jaqueline pensava no que iria falar quando chegasse sua vez.

Na casa de Armand, tudo estava preparado e o ritual para desdobramento iria começar. Devido toda a proteção que Armand havia recebido no astral, não demorou muito e seu espírito já estava fora de seu corpo. Joaquim se encontrava concentrado e em oração, mantendo assim a energia em elevação no ambiente, afastando maus espíritos que pudessem atrapalhar a tarefa do amigo.

Já fora do corpo e consciente, Armand identificou uma figura conhecida.

– Que bom ver o senhor aqui.

– Jamais o abandonei fio, estive próximo todo este tempo, e não seria diferente agora que irá para sua primeira tarefa fora do corpo.

– O senhor irá comigo?

– Sim, estaremos juntos. Agora vamos que nossos amigos nos esperam.

– Que amigos?

– Vosmecê vai ver quando chegar lá.

O velho ancião pegou na mão de Armand e plasmaram para a porta do terreiro. Ao chegarem se depararam com alguns trevosos que faziam a segurança do local, eram aproximadamente cem seres com aparências horríveis e que não pareciam estar para brincadeiras, apesar da algazarra que faziam do lado de fora da casa.

Mesmo com todo aquele controle, conseguiram entrar sem problemas, pois suas vibrações eram menos densas que as dos guardiões daquele lugar.

Ao adentrarem no salão que acomodava as pessoas à espera de atendimento, Armand viu Jaqueline sentada e notou que sua energia estava desequilibrada pela ansiedade de estar em um lugar onde tudo poderia ocorrer. Continuou a olhar por toda sala e verificou alguns seres que destoavam do ambiente, pois se apresentavam com capas e espadas enormes de pura energia e ao olhar para eles, estes os cumprimentaram. Eram aproximadamente dez Guardiões da Luz, que estavam infiltrados entre os trevosos.

Quando o ancião entrou no recinto todos o saldaram discretamente para não chamarem atenção. Agora Armand tinha certeza que eram mesmo Guardiões da Luz. Mas também reparou que outros seres se misturavam entre os consulentes. Seres sofredores, maltrapilhos, alguns até deformados, agarrados a certas pessoas como se fossem suas propriedades. O burburinho no astral se parecia mais intenso que no mundo físico, pois o que mais se ouvia era os rosnar das criaturas de baixa energia evitando assim que outras lhe tomassem suas presas.

Continuando sua observação pelo local, Armand notou também alguns trevosos fortemente armados espalhados por vários cantos da sala. Aquela visão lhe deixou um pouco tenso, porém manteve a serenidade e olhando para seu amigo do astral, teve a certeza de que estava tudo sob controle, pois o ancião apresentava uma tranquilidade e paz de espírito que incomodava os seres com energia mais densa. Porém os menos avisados não sabiam de onde vinha aquela sensação, que logo foi sentida pelos inimigos que ficaram inquietos apesar de não os verem.

Após alguns instantes parados à porta de entrada, o ancião olhou para Armand e por telepatia, passou suas ordens e o orientou como fariam para preparar o ambiente para a limpeza final.

Os dois seguiram em direção a uma pequena porta fechada com uma cortina, onde um homem magrelo e de aparência horrível segurava uma prancheta e chamava as pessoas para a consulta. A passagem dava acesso ao quarto escuro onde o suposto pai de santo se encontrava. O ambiente no mundo astral exalava um cheiro forte, a iluminação do cômodo era feita apenas por velas pretas e vermelhas, posicionadas em um pequeno altar com imagens de demônios católicos. O ambiente era assustador.

Sentado em sua poltrona de encosto alto, charuto em uma das mãos, o rosto coberto por um capuz que fazia parte da longa capa negra que utilizava, e uma taça em formato de caveira na outra mão, deixava seus clientes assustados e temerosos em contrariar tal figura. Todo este cenário fazia com que seguissem as recomendações e pagassem pelo serviço que seria realizado. Estava lá o nosso alvo.

Atrás do embusteiro pai de santo, três seres trevosos se divertiam com os consulentes, causando-lhes calafrios, sensações desconfortantes e passando as instruções ao regente do trabalho, que transmitia a suas vítimas. Muitos dos trabalhos era um embuste, pois servia apenas para arrancar dinheiro daquelas pobres almas, pois o resultado esperado jamais chegaria.

Armand olhou para o ancião e telepaticamente perguntou.

– O que faremos agora?

Antes mesmo que Armand continuasse sua indagação, o preto-velho estendeu sua mão para o alto e dela saíram raios de luzes multicoloridos, inundando todo aquele ambiente sombrio. Os trevosos que gargalhavam e se sentiam os donos do local, se sentiram ameaçados. O pavor correu pelos seus olhos vermelhos, sabiam que algo estava errado e já não tinham tanta certeza de que estavam no comando. O falso pai de santo começou a se contorcer devido à energia emanada por aquele ser de luz, o consulente assustado não pensou duas vezes e aproveitando que o homem se contorcia na poltrona, se levantou e em disparada saiu daquele quarto e logo ganhou a rua desesperado. Todos na sala ao lado se assustaram, porém permaneceram sentados.

Dentro do quarto os seres trevosos foram imobilizados pelos Guardiões da Luz, assim como a hoste que se encontrava do lado de fora da casa. O ataque pegou os trevosos de surpresa, não permitindo qualquer reação pelos seres das trevas.

Quando a casa já estava sob o controle dos seres da luz, o ancião abaixou as mãos e a fonte de energia que emanava delas se apagou, porém o ambiente já não possuía mais aquela energia densa que antes tomava conta de toda casa. O pai de santo sem saber o que tinha acontecido e voltando a si desesperou-se e chamou seu assistente aos gritos.

– Carlos! Carlos!

– Que foi mestre? O que aconteceu?

– Encerre as consultas por hoje. Algo estranho está acontecendo. Não sinto mais a presença de nossos amigos das trevas.

Logo em seguida seus capangas chegaram ao quarto para saber o que havia acontecido.

– Mestre o senhor está bem?

– Ainda não sei, mas ajudem o Carlos a dispensar os consulentes, não darei mais consulta hoje.

Os dois homens se dirigiram à sala ao lado e colocaram todos para fora.

– Mas mestre, o que aconteceu? Hoje seria uma noite lucrativa.

– Não importa, não estou bem.

– E nossos cobradores? Eles virão aqui mais tarde para pegar o dinheiro que estamos devendo.

– Não importa, aqui não fico mais um segundo.

Ao dizer isso, mais um fenômeno paranormal aconteceu no quarto de consultas: todas as velas se apagaram e um clarão no canto do quarto se fez.

O pai de santo e seu assistente não ficaram para saber o que era aquilo, fugiram daquele local apenas com a roupa do corpo, nem se deram o trabalho de fechar a porta da casa.

– Bem meu fio, nosso trabalho por enquanto aqui tá encerrado, agora preciso que vosmecê e seus amigos venham fazer uma limpeza na casa para que este lugar não seja mais utilizado para estes fins.

– E quanto ao portal?

– Com a limpeza o portal será fechado.

– E se houverem mais trevosos neste lugar?

– Manteremos uma equipe de prontidão no lado de fora para garantir que não voltem. Agora temos que voltar, pois seu espírito precisa retornar ao corpo, muita energia foi gasta nesse trabalho.

– Mas não fiz nada.

– Você que pensa, sua energia vital foi muito útil aqui, sem ela não teríamos sucesso em nossa missão hoje.

***

Já eram quase onze horas da noite quando Armand saiu de seu transe. Ainda enfraquecido mais consciente e preocupado com sua amiga.

– Jaqueline já chegou mestre?

– Calma. Respire fundo e vai se recuperando aos poucos. Ela já chegará. Tudo correu dentro do que esperávamos.

– Mas não vi Jaqueline ao sair de lá, será que ela teve algum problema?

Enquanto Armand ainda lutava para se manter acordado a campainha tocou.

– Deve ser ela.

– Vou ver, e você trate de descansar.

Era Jaqueline, tudo correra bem e dentro do esperado.

– Você está bem?

– Sim mestre. Não entendi muito bem o que aconteceu, mas estou legal.

– Vá falar com Armand, ele está preocupado com você.

– Oi! – falou Jaqueline com a cabeça na porta do quarto.

– Olá, está tudo bem? Entre.

– Sim, mas pelo visto você precisa de uma boa noite de sono para se recuperar.

– Acho que sim. Estava preocupado com você.

– Eu disse que sabia me cuidar. E por falar nisso, não consegui identificar seu amigo entre os consulentes.

– Essa era a ideia, ele é muito bom no que faz.

– Agora descanse, depois conversaremos.

Armand sorriu para Jaqueline e se entregou a um sono reconfortante e restabelecedor.

Jaqueline cobriu seu amigo, apagou a luz e encostou a porta para que nada atrapalhasse seu descanso.

– Nosso guerreiro dormiu? – perguntou Joaquim.

– Sim. Acho que só acordará amanhã.

– Ele precisa se recuperar, o gasto de energia foi enorme.

– E agora, o que faremos? – Jaqueline se sentia perdida.

– Amanhã iremos até ao terreiro para fazer uma limpeza e lacrar aquele portal.

– O que acha de tomarmos um chá para relaxarmos e depois vamos dormir?

– Ótima ideia, amanhã o dia vai ser longo.

– A limpeza será feita de manhã? – quis saber Jaqueline.

– Quanto antes melhor, assim não dá tempo para que recuperem o portal. Enquanto você prepara o chá vou aproveitar e preparar o material que iremos usar na limpeza.

Joaquim se retirou da cozinha e foi buscar junto as suas coisas algumas ervas que trouxera, assim como alguns vidrinhos com poções preparadas por ele.

– Isso tudo será usado para a limpeza mestre?

– Sim, mas ainda preciso preparar mais algumas coisas que usaremos.

***

O dia já estava amanhecendo, quando Armand voltava de seu sono profundo. Uma boa espreguiçada, e pronto já estava de pé e com suas energias recarregadas. Dormira como um anjo.

Depois de fazer sua higiene pessoal foi à cozinha preparar um café, estava mais uma vez com muita fome.

– Assim vou acabar engordando. Toda vez que realizo um trabalho espiritual, acordo faminto. – Armand falava consigo mesmo em voz alta.

– Fique tranquilo, com a energia que tem gasto, não correrá o risco de engordar – disse Joaquim tirando Armand de seus pensamentos.

– Bom dia mestre.

– Bom dia! Como você está?

– Estou ótimo, dormi como uma criança.

– Isso é muito bom, pois hoje temos que concluir nosso trabalho e algo me diz que não será tão simples como imagino.

– Por que diz isso?

– Recebi uma mensagem em sono, falando para ter cuidado e usarmos de bastante cautela quando fossemos realizar a limpeza no terreiro.

– O perigo é material ou espiritual?

– Acredito que seja espiritual.

– Bem, só para garantir vou convocar alguns amigos para nos darem segurança.

– Será que é necessário?

– Melhor garantir do que ter surpresas.

– Bom dia! Como estão? – cumprimentou Jaqueline entrando na cozinha.

– Estamos bem. E você como está? – antecipou-se Armand ao responder à amiga.

– Estou ótima. O que conversavam?

– Sobre a limpeza que faremos hoje.

– Hum! E como foi a experiência de ontem?

– Estranha, mas correu tudo bem.

O papo corria solto entre os três durante todo o café. Joaquim preparava tudo que iriam precisar para a limpeza na casa de pai Thomas.

– Mestre, que horas iremos fazer a limpeza?

– Assim que estiverem prontos, poderemos ir.

O relógio marcava nove e meia da manhã quando Armand, Jaqueline e Joaquim partiram em direção ao terreiro de pai Thomas para efetuar a limpeza e lacrar de vez o primeiro portal encontrado.

Chegando lá, os três desceram do carro.

Preocupados em saber se os antigos moradores ainda estariam na casa, tomaram todo o cuidado possível, pois os amigos de Armand ainda não haviam chegado.

– Será que eles voltaram Armand? – perguntou Jaqueline.

– Acho improvável depois do susto de ontem, mas para garantir vamos aguardar o meu pessoal chegar antes de entrarmos. Enquanto isso eu vou dar uma averiguada no lugar.

– Eu vou junto – falou a moça determinada.

– Espere aqui com o Joaquim, pode ser perigoso.

– E para você não é?

– Tenho uma companheira aqui que me dará apoio. – Armand retirou da cintura sua pistola e mostrou para Jaqueline.

– Você não larga isso nunca?

– Sou um delegado da Polícia Federal, esqueceu?

– Por um momento esqueci.

– Fiquem dentro do carro e só saiam quando eu chamar.

Armand se encaminhou para dentro do terreno e vasculhou seu arredor para ver se via alguma movimentação dentro da casa. Ao retornar para o portão chamou seus amigos.

– Podem vir. A casa está vazia.

Logo em seguida dois veículos encostaram atrás do carro de Armand.

– Pensei que iam me deixar na mão.

– Claro que não Armand, o Roberto se enrolou um pouco, mas já estamos aqui. O que precisa da gente?

– Preciso que fiquem aqui fora e não deixem ninguém entrar, caso insistam podem dar voz de prisão. O dono da casa é um farsante e se enquadra no artigo cento e setenta e um.

– Certo.

– Enquanto isso nós daremos uma busca na casa.

– Eles são da polícia também?

– Não, mas trabalham para a inteligência.

Jaqueline e Joaquim se olharam não entendendo o porquê de Armand ter dito aquilo.

– Vamos entrar, temos muito que fazer.

Os amigos o seguiram sem nada dizer. Ao entrarem na casa, Jaqueline não se conteve.

– Por que disse que éramos da inteligência?

– Preferia que dissesse que íamos fazer uma limpeza espiritual na casa?

– É... com certeza ser da inteligência evita algumas explicações.

Os três riram da explicação de Armand e seguiram vistoriando a casa para ver se encontravam alguma coisa.

– Pelo visto, não levaram nada além da roupa do corpo.

– Também com o susto de ontem, já devem estar bem longe daqui.

– Armand, você disse que havia um porão na casa. Vamos dar uma olhada nele?

– Vamos mestre, provavelmente se há um portal aqui ele deve estar lá.

Os três saíram pela porta dos fundos para evitar que os policiais que estavam na frente da casa os vissem se dirigindo ao porão.

– A porta está trancada – disse Jaqueline.

– Jaqueline, chegue para trás que já resolvemos isso. – Armand deu um chute na porta que se abriu com violência. – Pronto, já não está mais trancada. Vamos olhar o que temos aqui.

No momento que entraram no porão, os três ficaram estarrecidos com a imagem que viram. As paredes possuíam uma grossa camada de limo, duas bacias de barro posicionadas diante de um pequeno altar com imagens demoníacas tinham sangue; várias moscas se alimentavam daquele líquido. Em um canto do cômodo, num outro pequeno altar de sacrifícios, um corpo de homem já se encontrava em estado de decomposição avançada. O cheiro era insuportável.

– Precisamos agir rápido, pois o cheiro está muito forte e se chamarmos os legistas, irão lacrar o local e não poderemos terminar nosso trabalho.

– Como vamos conseguir fazer alguma coisa aqui com este cheiro horrível? – perguntou Jaqueline.

– Espere do lado de fora que eu e Joaquim fazemos o que tem que ser feito.

– Negativo. Não vou ficar de fora outra vez.

– Então ponha um lenço no rosto, isso amenizará o cheiro – falou Armand, e se dirigindo a Joaquim perguntou: – Mestre por onde começamos?

– Vamos jogar um preparado com água benta nestas imagens, assim enfraquecemos o campo energético que deve envolver este local.

Armand pegou o frasco com o preparado e começou a molhar as imagens que se encontravam no altar. Já estava quase terminando quando sentiu um forte calafrio lhe correr a espinha e em seguida caiu de joelho já fora de si. O espírito de Armand havia sido levado para o mudo espiritual, por forças negativas que se encontravam no local, para garantir que nada seria capaz de fechar aquele portal.

– Mestre o que aconteceu com Armand?

– Por algum motivo nos descuidamos e alguns espíritos trevosos que podiam estar guardando o terreiro, levaram o espírito de Armand para impedir nosso trabalho.

– O que fazemos agora?

– Nos mantemos em oração e vamos continuar a limpeza.

– Mas e Armand?

– Ele está protegido e sabe o que fazer. Mantenha sua mente limpa e em oração, assim mandamos vibrações positivas pra ele, isso lhe ajudará em sua batalha.

Joaquim e Jaqueline começaram a rezar e continuaram com a limpeza do local.

***

Quando Armand se deu conta, estava no meio de mais ou menos uns trinta seres trevosos, altamente armados com espadas, chicotes e babando de raiva.

– Então você pensou que conseguiria fechar esse portal seu idiota.

– Quem são vocês?

– Seu pior pesadelo e os novos donos de sua pobre alma, seu infeliz.

Em seguida, Armand sentiu algo lhe cortar as costas. Um dos trevosos que estava atrás dele o chicoteou. A dor era insuportável, mas tinha que aguentar, não podia se entregar ou seria seu fim. Ainda ajoelhado e tentando se recuperar do golpe, outra chicotada lhe jogou de vez ao chão. Sem forças e quase perdendo os sentidos, ouvia as gargalhadas de seus inimigos, cantando vitória.

– Esse imbecil achou que poderia nos vencer. Assim que acabarmos com ele, destruiremos os outros dois.

E mais uma gargalhada se ouviu naquele porão. Armand tentava reunir forças para lutar, quando se lembrou do ritual de que fizera parte, para sua proteção nas batalhas. Respirou fundo, tocou no peito e clamou por ajuda aos Céus.

Um grande clarão se fez no porão na dimensão que seu espírito se encontrava. Os trevosos recuaram apavorados; uma legião de Guardiões da lei adentrou no local. Uma batalha no astral se iniciou, os trevosos estavam em menor número, mas resistiam bravamente, levando alguns Guardiões da Luz ao chão, mas aquilo não era o suficiente para os trevosos saírem vitoriosos. A batalha era sangrenta, mas logo os inimigos foram dominados. Armand tentou se levantar, mas estava fraco, havia sofrido duros golpes e caiu outra vez ao chão. Precisava resistir. Antes que desfalecesse, sentiu uma energia boa no ar e uma mão amiga lhe tocou no ferimento, fazendo com que cicatrizasse instantaneamente.

– Fique tranquilo fio, o perigo já passou, viemos ao seu pedido e agora tudo ficará bem.

Foi quando Armand ergueu a cabeça e viu ao seu lado seu amigo ancião.

– Descanse fio, esse portal não emanará mais energia negativa para lugar algum.

E com um toque em sua testa, o preto-velho enviou o espírito de Armand de volta ao seu corpo físico.

Armand ainda se encontrava ajoelhado no chão do porão no mundo físico e aos poucos voltava sua consciência.

Porém estava muito fraco e sentia um enorme frio correr pelo seu corpo, sua vista escureceu. Amparado por Joaquim e Jaqueline ele desmaiou.

– Mestre, o que está acontecendo com Armand?

– A batalha deve ter sido dura no mundo espiritual. Precisará descansar e repor suas energias.

Neste momento Joaquim começou a tremer diante de Jaqueline e com a voz modificada, com um sotaque que não lhe pertencia, falou mansamente.

– Fia, fique tranquila. Seu amigo agora está bem. Ele sofreu alguns golpes fortes, mas já cuidamos dos ferimentos de sua alma. Ele agora precisa apenas descansar e em breve estará novinho em folha.

– Quem é você?

– Sou um espírito de luz que sempre estará próximo para ajudar.

– Então o senhor é o ancião que recrutou Armand para esta missão?

– Sou eu mesmo fia, mas agora preciso ir, tenho que levar estas pobres almas que guardavam este lugar para um local de onde não incomodaram mais ninguém.

Após completar a frase, Joaquim novamente tremeu seu corpo inteiro e voltou a si.

– Mestre? É o senhor?

– Sim sou eu Jaqueline.

– O senhor está bem?

– Agora sim.

– Minha cabeça está muito confusa e cheia de dúvidas, nunca havia presenciado tão intensamente estes fenômenos.

– Fique calma, agora está tudo bem.

– E o portal?

– Este já não serve para mais nada. O astral mandará uma equipe para retirar todos os equipamentos que as trevas utilizavam para captar energia negativa emanada pelos encarnados e transformá-las em arma para seu intento.

– E Armand? O que faremos com ele?

Antes que Joaquim respondesse, Armand começou a voltar de seu desmaio.

– Estou bem, apenas dolorido e muito cansado. Precisamos ir, pedirei aos rapazes que chamem o legista e a polícia técnica para fecharem o local e darem o alerta de busca para capturarem quem fez isso.

O Segundo Portal

O DIA MOSTRAVA QUE O CALOR DE VERÃO não daria tréguas a quem não tinha o privilégio de estar de férias na cidade maravilhosa. A temperatura subia rapidamente e com isso as praias ficavam lotadas. O vai e vem das ruas lembrava que era um dia útil para quem não estava por lá a lazer apenas. Ônibus lotados, homens engravatados, o caminhar frenético das pessoas e dos carros, mostrava que seria mais um dia de trabalho como todos os outros do ano, para quem vive em uma cidade grande.

Armand levantou mais tarde, o dia anterior havia sido puxado e com gasto de muita energia. Sentia as dores do confronto com os trevosos e lembrava que se não fosse a sua fé, sua alma hoje poderia estar aprisionada e sua vida condenada.

Um portal já havia sido neutralizado, faltavam agora mais quatro e o tempo cada vez ficava mais curto. A previsão para a invasão se daria no reveillon e isso poderia causar uma catástrofe em ampla escala, pois em épocas como aquela e na celebração de um novo ano, a cidade costumava quase duplicar sua população. Isso poderia vitimar muitas pessoas e muitas almas seriam levadas para engrossar as fileiras do mal.

O plano do inimigo era perfeito. Uma cidade onde a luxúria e a cobiça sempre estiveram presentes. O clima quente em boa parte do ano propiciava a pouca utilização de roupas e o apelo sexual sempre esteve em evidência. Corpos sarados, clima festivo, bebida para saciar a sede e descontrair. Tudo era perfeito para um arrebatamento trevoso. As pessoas não se davam conta de que atitudes impensadas, o desejo por um prazer insaciável e o poder, levavam os seres humanos a esquecerem de sua ligação com o Criador, e o auxílio ao próximo. Claro que Deus não queria apenas santos entre seus filhos, mas sim uma conduta digna, para que as benesses que ele nos proporcionou fossem respeitadas e valorizadas. A natureza sofria com o avanço desenfreado das cidades, o próximo já não estava mais tão próximo, o individualismo causado pela violência do dia a dia e a corrida pelo prazer havia mexido com a cabeça das pessoas. Alguma coisa precisava ser feita, mas não sacrificando almas que pudessem ser recuperadas. As trevas buscavam esse território fértil para mostrar ao Criador sua força, mesmo que esta força fosse controlada por Deus, pois não há luz sem a escuridão e, se o Pai a tudo criou, ele também criou as trevas e tinha seu controle. Porém, O Criador deu à sua mais maravilhosa criação o livre arbítrio, onde mesmo Ele não poderia interferir em suas decisões, e sim, apenas ajudar para que seguissem o caminho do bem, para no futuro não sofrerem com um plantio errado. E caso o mal prevalecesse, não teriam muita escolha.

Armand se levantou e se encaminhou até a cozinha, onde Joaquim e Jaqueline o aguardavam ansioso.

– Bom dia! Ou diria “boa tarde”? Nunca dormi tanto.

– Você precisava descansar. Eu e Jaqueline tentamos fazer o mínimo de barulho possível para não acordá-lo.

– Você está melhor? – Jaqueline estava preocupada com o estado do amigo.

– Bem melhor. Um pouco dolorido, como se tivesse levado uma surra, mas com a alma e o coração feliz de ter alcançado o nosso primeiro objetivo de tantos que temos ainda.

– Essa sensação de dor já irá passar. É natural depois de uma batalha como a de ontem.

– Quando acordei fiquei pensando no que aconteceu. Vi que se não fosse a ajuda de nossos amigos do astral, não teríamos conseguido.

– E sua fé onde fica em tudo isso? Sem ela não teríamos conseguido, pois sem sua crença, eles não poderiam vir lhe ajudar – orientou Joaquim. – Meu amigo, você lutou bravamente. Não teríamos como vencê-los sozinhos. As armas são diferentes e não estamos preparados ainda para combatê-los de igual para igual.

– Falando assim, me sinto mais confortado – todos riram do comentário de Armand.

– Precisamos agir. Pelas minhas pesquisas o nosso tempo está cada vez mais curto, precisamos localizar os outros portais para evitar o pior. E agora que eles sabem dos nossos planos, ficará ainda mais difícil encontrá-los e desarticularmos os próximos pontos escolhidos pelos trevosos.

– Mestre como iremos achar os outros portais?

– Tenho um pressentimento que pode vir a dar certo.

– O que tem em mente?

– Jaqueline, você sabe como é o símbolo dos Cavalheiros da Escuridão?

– Sim, é um pentagrama invertido, o símbolo usado em rituais satânicos.

– Pois bem. Já temos a localização do primeiro portal. Faremos um levantamento através do mapa da cidade para descobrirmos a possível localização dos outros.

– Mas como faremos isso?

Antes que Joaquim continuasse seu raciocínio, Jaqueline entrou na conversa.

– Desenhamos o símbolo no mapa a partir do primeiro portal, sabemos que há uma simetria entre os pontos. Todos possuem a mesma distância entre eles. Assim que descobrirmos o segundo os outros serão mais fáceis de localizarmos.

– Mas o segundo símbolo pode estar a qualquer distância do primeiro.

– Vamos pensar. Se o objetivo é uma invasão, seguida de uma catástrofe, para que possam capturar almas logo após o incidente, pois assim ainda estariam atordoadas e não saberiam pra onde correr, qual seria a melhor opção, já que possuímos a data do ataque?

– Na praia de Copacabana.

– Isso mesmo. Faremos o desenho colocando a praia de Copacabana no centro do símbolo, assim vamos ter uma ideia onde o segundo portal está localizado e então podemos vasculhar esta região.

– Para quem estava se achando inútil nesta batalha, está se saindo muito bem – elogiou Joaquim.

– Obrigado mestre. Agora estou vendo o meu real valor nesta luta.

– Isso é muito bom. Eu lhe disse que você não estava aqui à toa.

– Podemos utilizar o computador para definirmos uma linha e uma região a procurar. Mas temos que pensar que não sabemos em que posição está este portal e nem se ele é o primeiro.

– Vamos ter que contar com a sorte.

– Não temos tempo a perder, vamos ao meu escritório. Lá conseguiremos utilizar os mapas que tenho para traçar as linhas que nos levarão ao próximo portal.

– Mas este local pode ser qualquer lugar da cidade ou da região metropolitana, quem sabe até no interior do estado.

– Vamos primeiro buscar nos arquivos da polícia alguns crimes que possuam discrição similar ao que nos levou para o primeiro portal. Assim teremos um ponto de partida.

– Mas isso pode levar tempo.

– Então vamos começar logo, pois tempo é o que menos temos.

A procura ocorreu pelo resto do dia, vários casos foram enumerados e posicionados no mapa para que o pentagrama fosse traçado.

Já eram oito horas da noite quando o possível ponto de localização de onde o segundo portal poderia ter sido instalado, foi pré-determinado.

O crime que chamara a atenção de Armand, Jaqueline e Joaquim, era o de dois jovens de aproximadamente vinte e um anos, que foram assassinados em Pendotiba, no município de Niterói. Uma das vítimas havia sido encontrada sem os olhos, os quais haviam sido arrancados brutalmente, o outro corpo até então não fora encontrado. A forma brutal de um crime com dilaceração de órgãos, igual ao primeiro e o desaparecimento de uma das vítimas, se enquadrava bem na forma de atuação dos Cavalheiros da Escuridão. Esse era mais um dos casos que não foram resolvidos pela polícia, pois os dois jovens não tinham antecedentes e nem eram envolvidos com drogas. O assassinato ocorrera a mais ou menos seis meses.

– Acho que podemos investigar mais de perto este caso, além de ser muito estranho, ele está posicionado em um local dentro de nosso pentagrama.

– E quando iremos lá?

– Amanhã cedo, assim ganharemos tempo em levantar informações e quem sabe descobrirmos o segundo portal.

– Vamos descansar um pouco, pois não seremos nada úteis se estivermos desgastados.

– Vou ficar um tempinho aqui para ver se descubro mais alguma coisa. Por que você não vai descansar um pouco também Jaqueline? Daqui a pouco eu irei também.

– Não sei se conseguirei dormir. Minha cabeça está fervilhando com todas estas informações.

– Mas precisa tentar descansar, se não amanhã não conseguirá nos ajudar.

– Vou tentar.

– Venha Jaqueline, vou lhe ajudar a relaxar. – Joaquim acompanhou Jaqueline até o quarto, acendeu um incenso e colocou um CD em um aparelho portátil que estava na estante do quarto. Ao som de uma música suave apagou a luz e pediu à amiga:

– Tente ao menos relaxar, feche os olhos e sinta o aroma do incenso e a leveza da música, logo estará dormindo.

– Obrigado mestre.

– Durma bem.

– O senhor também.

Antes de ir para o seu quarto Joaquim passou no escritório para conversar com Armand.

– Você não acha melhor ir descansar também?

– Já estou indo mestre.

– Achou alguma coisa interessante?

– Não sei se podemos chamar de interessante, mas de certa forma bem curioso.

– O que foi?

– Coincidentemente, o Juiz que arquivou esse caso foi o mesmo que arquivou o que nos levou ao outro portal.

– Mas isso não prova nada. Pode realmente ser uma infeliz coincidência.

– Não sei. É muito estranho, principalmente porque a Jaqueline havia nos falado que os Cavaleiros da Escuridão são pessoas da alta sociedade.

– Mas como um Juiz brasileiro estaria envolvido com um grupo da antiga Europa?

– Isso para mim também é estranho, mas temos que considerar todas as possibilidades.

– Bem, vou dormir. Você ainda vai ficar aí?

– Mais um pouco, quero apenas conferir algumas coisas.

***

Na manhã seguinte, logo cedo, Armand e sua equipe de investigação para assuntos sobrenaturais estavam nas ruas de Pendotiba à procura de informações que levassem ao segundo portal.

– Bem vamos nos dividir, assim atingiremos uma área maior e quem sabe conseguimos sair daqui com informações que nos ajudem em nossa busca. Vamos nos encontrar daqui à uma hora aqui no carro – combinou Armand com os amigos.

A equipe separada, cada um seguiu para um lado, próximo onde o corpo do rapaz havia sido encontrado.

A investigação correu por todo o bairro de Pendotiba na cidade de Niterói. Vários pontos ao redor do local marcado haviam sido vasculhados, porém não conseguiram nenhuma informação que levasse aos mandantes do crime ou algo que pudesse ser investigado mais profundamente.

– Estou exausta, rodamos por tudo o que é lado e ninguém mais se lembra do acontecido.

– Eu digo o mesmo. Não encontrei nada que fosse consistente pelos lados que investiguei – posicionou-se Joaquim.

– Comigo não foi diferente. O que acham de irmos almoçar e falarmos sobre o que ouvimos para ver se não achamos nada interessante. Não podemos perder este tempo todo sem conseguir nada.

– Ótima ideia, delegado – brincou Jaqueline.

Durante todo almoço passaram e repassaram todas as conversas que tiveram pela manhã e não encontraram nada que pudesse levar a uma única pista de onde poderia estar o portal.

– Estou pensando em continuar com as buscas. Se estiverem cansados, podem voltar para casa, depois pego um taxi – disse Armand.

– Estamos juntos e vamos continuar juntos – respondeu Joaquim.

– Agradeço o apoio mestre, mas não é garantido que encontremos algo. Pode ser tempo perdido, mas alguma coisa me diz que estamos no caminho certo.

– Como disse o mestre, estamos juntos Armand, não vamos deixar você sozinho aqui.

– Já que estamos todos de acordo, vamos ao trabalho.

Chamaram o garçom, pagaram a conta e seguiram à busca de algo que lhes clareasse a mente e trouxesse uma direção para seguir.

O dia já estava terminando quando algo pichado em um muro chamou a atenção de Jaqueline. Uma frase que dizia *"Se Deus é tão bom. Por que tanto sofrimento?"*.

– Olhem aquilo! – apontou.

– O quê? – perguntaram os dois parceiros em uníssimo.

– Aquela pichação! A frase não é comum em pichações e ela tem uma mensagem subliminar.

– Realmente, nunca havia visto uma pichação contra Deus. Sempre são utilizadas frases de ordem contra o governo – falou Armand.

– Isso que me chamou a atenção. O que acham de investigarmos? – perguntou Jaqueline.

– Não temos nada a perder. Podemos perguntar ao morador se sabe quem são os autores da obra prima e caso ele não saiba de nada vamos conversar com os vizinhos – respondeu Armand.

Armand estacionou o carro e mais uma vez sua equipe foi a campo. Seria a última investida do dia, pois o cansaço já havia abatido a todos e no dia seguinte teriam que voltar para Pendotiba e continuar suas investigações.

Foram em direção à casa que estava com o muro pichado. Era uma pequena casa de madeira, porém muito bem cuidada, com um jardim bem arrumado e com pintura nova.

Ao baterem palmas, um senhor de aproximadamente setenta anos surgiu na porta principal da casa.

Armand se antecipou aos demais e se dirigiu ao senhor de idade avançada.

– Boa tarde! Somos da polícia e gostaríamos de fazer algumas perguntas.

Com ares de poucos amigos, o homem não deu muita atenção ao que Armand falou.

– Não tenho nada para conversar com vocês. Vão embora e me deixem em paz. – falou o senhor já fechando a porta.

– Senhor. Peço apenas um minuto de sua atenção. Gostaríamos de saber sobre o que está escrito em seu muro.

O velho meio contrariado reabriu a porta e respondeu à nova investida.

– Esses vândalos que vocês nunca conseguem prender que fizeram isso.

Sem dar chances de o velho entrar em casa, Armand disparou uma pergunta.

– O senhor sabe quem fez isso? Podemos ajudar prendendo os infratores, mas precisamos de sua ajuda.

– Duvido muito. Vocês nunca se interessam em reclamações de pobres.

– Não é verdade. Não estamos aqui lhe perguntando sobre tal pichação?

– Certo. O que querem saber?

– O senhor sabe quem escreveu isso em seu muro.

– Se soubesse, teria resolvido o problema sozinho.

– Mas o senhor não tem nem uma leve suspeita?

– Um grupo de fanáticos têm incomodado muito por aqui. Eles têm pichado igrejas, depredado terreiros. Não acreditam em Deus e nada que fale sobre suas obras.

– E o senhor sabe onde encontramos estas pessoas?

– Você está de brincadeira comigo moço. Se soubesse de tudo estaria fazendo seu trabalho.

– Certo. Muito obrigado pelas informações e desculpe lhe incomodar.

– Se conseguir prender esses fanáticos eu o desculpo. Caso contrário não venha mais me incomodar.

O velho nem esperou a resposta de Armand e bateu a porta de sua casa.

Os três voltaram para o carro, já tinham conseguido reacender uma chama de esperança que havia se apagado. Agora era tentar localizar o tal grupo para se certificarem se o próximo portal estaria naquela localidade.

– Já temos uma pista de onde pode estar o portal. Agora precisamos localizar onde se escondem esses fanáticos.

– Mas isso não será tão simples. Não sabemos por onde começar a procurar essas pessoas.

– Tenho uma ideia. Quando voltarmos pra casa, irei procurar nos arquivos da polícia se há queixas de vandalismo contra alguma igreja ou terreiro nesta região. Se dermos sorte, podemos descobrir se alguém foi detido e se há endereço desta pessoa. Assim pelo menos teremos um ponto de partida.

– Então vamos, pois tudo isso me deixou com fome – reclamou Jaqueline.

Joaquim não se conteve ao comentário da ex-aluna e emendou uma graça.

– Esta menina parece que está sempre com fome.

Todos riram bastante, pois até então Joaquim permanecera calado nas últimas horas.

– Então o senhor estava quietinho até agora, só esperando uma oportunidade para pegar no meu pé, né mestre?

– Não consegui me conter ao seu comentário.

A alegria por terem encontrado uma pista nova deixou o ambiente dentro do carro mais alegre.

Durante todo o caminho os três conversaram sobre a investigação e todas as possibilidades que poderiam ter para localizar o mais rápido possível o segundo portal.

***

O tempo passava muito rápido, já estavam na primeira semana de dezembro e iriam precisar trabalhar em dobro antes que os planos dos trevosos atingissem seus objetivos.

Para evitar que o portal fechado se reabrisse pelas falanges do mal, o astral havia destacado um grande contingente. Porém teriam que agir rápido evitando que outros portais fossem abertos pelos inimigos.

Ao chegarem à casa de Armand, Jaqueline se prontificou a preparar algo para comerem enquanto Joaquim fora tomar um banho e refazer suas energias, Armand foi direto ao escritório tentar saber um pouco mais sobre o crime que ocorrera há seis meses em Pendotiba.

O trabalho correu noite adentro, já eram quatro horas da manhã quando Armand resolveu parar, pois seu raciocínio já não estava concatenando mais nada. Jaqueline e Joaquim já dormiam em sono profundo. Armand tomou um banho e foi se deitar, não demorou muito e ele já estava dormindo profundamente devido ao dia desgastante. Logo seu espírito se apresentava em desdobramento diante de seu amigo preto-velho que lhe acompanhava e havia lhe designado para a missão de fechar os portais.

– Quanto tempo que não nos víamos em uma situação tão tranquila – disse Armand.

– É verdade fio. E como vosmecê está?

– Estou me recuperando ainda do primeiro embate, apesar de não dispor de tempo de repouso.

– Fique tranquilo, pois em breve terá tempo o suficiente para descansar. Eu e meus amigos do astral estamos cuidando para que sua saúde física e espiritual se restabeleça com rapidez.

– Mas o que lhe traz aqui?

– Vim lhe buscar para um novo passeio.

– No cemitério de novo?

– Não. Desta vez vamos até o local onde suncê viu a pichação no muro.

– O que vamos fazer lá? – especulou Armand.

– Vosmecê vai ver – respondeu o ancião.

O velho espírito do astral pegou a mão de Armand e os dois plasmaram para frente da casa onde o muro havia sido pichado com uma frase que incitava contra Deus.

– O que viemos fazer aqui? Já tinha programado para voltar a esse local com Jaqueline e Joaquim para buscar mais informações.

– Quero lhe mostrar algo que no mundo físico não se pode ver. Preste bastante atenção no muro, direcione seus pensamentos para o que está escrito ali.

Armand limpou sua mente, e se concentrou na escrita. Logo alguns vultos foram surgindo diante de seus olhos, alguns mais nítidos e outros ainda um pouco turvos.

– Vejo apenas vultos.

– Concentre-se, peça a Deus que ilumine sua visão. Use sua fé.

Dito isto, Armand aumentou sua concentração, orou ao pai e logo o que antes eram vultos, tornaram-se imagens nítidas e ele se assustou com o que viu: espíritos errantes vagavam pelo local e alguns trevosos absorviam a energia deixada por quem havia escrito aquela frase. Mas outra coisa chamou a atenção de Armand, mais do que os espíritos que havia visto. Olhando para dentro da casa e ao redor dela, muitos trevosos se posicionavam como se protegessem algo muito importante.

– O que de tão importante tem nesta casa para esta quantidade de trevosos?

– Você não desconfia de nada?

– O Portal! Ele deve estar aí! Mas o homem que mora nesta casa não aparentou estar envolvido com isso.

– Este homem é vítima dos trevosos. O que ele faz é inconsciente, está dominado cem por cento por eles.

– Mas como assim?

– O dono desta casa, é um homem sem fé, rancoroso, reclama da vida e não se socializa com ninguém. Com isso se tornou um prato cheio para espíritos afins, sendo presa fácil para os trevosos e para seus planos.

– Mas ele não teria força para matar aqueles dois jovens e ainda arrancar os olhos de uma das vítimas.

– Vosmecê ainda não conhece tudo fio. Uma pessoa sobre o domínio dos trevosos realiza feitos que muitos duvidam. E esta é a ideia, assim não chama a atenção para seus escravos.

– Foi ele quem escreveu aquilo no muro?

– Não. Aquilo realmente não fazia parte do plano, mas foi bem utilizado como álibi para o pobre homem.

– Isto tudo é muito estranho para mim.

– Venha. Vamos voltar um pouco no tempo e lhe mostrarei como tudo aconteceu.

Mais uma vez, o ancião tomou Armand pela mão e os dois fizeram uma viagem astral, voltando seis meses no espaço-tempo.

Avistaram a mesma casa, mas agora do lado de dentro. O proprietário, sentado em uma poltrona, com uma garrafa de cachaça nas mãos, bebia seu conteúdo no gargalo, e praguejava; a todos e a Deus, por estar naquela situação. Desempregado, abandonado pela família e com suspeita de uma doença terminal.

Armand assistia àquela cena, estarrecido. Olhou para o lado não entendendo como aquilo poderia ter levado o homem a cometer atrocidades. Porém foi interrompido pelo seu amigo do astral para que continuasse a prestar atenção na cena.

Voltou a se concentrar no homem sentado à poltrona e logo viu uma névoa preta se aproximar do pobre coitado. Eram trevosos que o rondavam, devido à energia que ele emanava. Pareciam tomar conta de seu corpo, fazia o pobre cada vez mais esbravejar e beber a cachaça da garrafa. Até que o homem entrou em transe, se levantou da poltrona e como que hipnotizado, foi para as ruas. Armand e o ancião o acompanharam sem serem notados, pois estavam em uma vibração diferente, além de estarem em um tempo diferente daquele. O homem caminhou algumas quadras, guiado pelos trevosos até se deparar com dois jovens que voltavam de uma igreja evangélica do bairro. Eles cumprimentaram o senhor com respeito e seguiram seu caminho. Neste momento Afonso, o homem possuído pelos trevosos, da meia volta e com uma faca de cozinha que trazia escondida em baixo do casaco ataca os dois garotos. O primeiro a ser atingido não teve nem oportunidade de se defender. O outro tentou em vão impedir tamanha brutalidade daquele senhor, mas não teve chance. Fora atingido no peito e caira morto ao chão. Afonso não satisfeito arrancou seus olhos e os guardou no bolso do casaco. A outra vítima que não teve chance de se defender foi arrastada por duas quadras até a casa de Afonso e jogada no porão.

Armand achava que já vira o bastante, porém após o homem jogar sua vítima no porão, começou a fazer desenhos estranhos nas paredes e no chão, como se estivesse abrindo pequenos portais. No astral uma legião de trevosos invadiu aquele cômodo da casa através dos portais abertos. Tomaram e aprisionaram o pobre espírito do rapaz que sem saber o que havia lhe acontecido, não se afastara de seu corpo físico. Com rapidez um altar foi criado tanto no espaço astral daquele porão como em seu espaço físico. Parecia até que aquilo já estava previsto, pois o homem tirava velas e imagens demoníacas de uma caixa e colocava no altar improvisado. Os trevosos estavam agitados, a pobre alma do jovem já estava acorrentada e sendo sugada de toda a energia que ainda possuía. Logo um santuário trevoso estava montado e um portal aberto.

Quando parecia que estava tudo acabado, Afonso pegou o corpo do jovem jogou em cima de uma mesa e começou a retalhá-lo, arrancando-lhe o coração e o colocando aos pés de uma imagem cercada de velas pretas e vermelhas. Depois de algum tempo, o homem saiu do porão trancou a porta e entrou em sua casa, foi ao banheiro tomou banho e foi se deitar, como se nada tivesse acontecido.

No porão a movimentação de energia densa era grande, se fosse possível ser vista pelos encarnados, veriam nuvens negras e raios em volta daquela humilde casa, além de um cheiro forte de enxofre e um enorme sentimento de dor e revolta.

Armand se mostrava inconformado como o que vira e não resistiu em questionar seu amigo.

– Não vamos fazer nada? Vimos dois jovens serem assassinados, e a alma de um deles ser aprisionada e nada faremos? Que espírito de luz é você?

Com um olhar sereno e com muita calma o ancião respondeu a Armand.

– Se acalme fio. O que aconteceu aqui já faz parte do passado. Não podemos mais interferir. Só poderemos ajudar daqui pra frente.

– Mas vocês não sabem de tudo que acontece?

– Quem lhe disse isso? – Sem esperar Armand responder, o preto-velho continuou. – Não somos onipresentes. Não estamos em todos os lugares e nem sabemos de tudo. Se isso fosse possível a nós, não teríamos problemas em antever as ações do mal.

– Peço desculpa pelo meu descontrole, mas não suporto ver injustiças.

– Por isso que o escolhemos para esta missão. Mas acalme-se, iremos resolver esse problema. Agora vamos voltar ao presente. – O preto-velho pegou a mão de Armand e os dois retornam para os dias atuais.

De volta à frente da casa de Afonso, Armand pergunta:

– Se entendi o que aconteceu aqui, Afonso não sabe da existência do portal em seu porão?

– Isso mesmo. Os trevosos não precisam mais dele, pois o portal é autossuficiente, ele absorve energias negativas dos encarnados e gera sua própria energia através disso. Agora só se utilizam do pobre homem para brincarem e lhe sugarem energia vital, até que ele não sirva para mais nada e desencarne. Aí começa um novo ciclo, aonde vão se utilizar de sua pobre alma.

– Mas ao fecharmos esse portal teremos como ajudar o pobre homem?

– Sim. Afastando os trevosos dali, conseguimos emanar energia positivas e revigorantes a esse lar e se ele nos ajudar voltará a ser o que era antes. Um homem forte, alegre e temente a Deus.

– Agora entendo e me sinto melhor, com mais ânimo para continuar esta missão.

– Bem, precisamos ir depressa. Já vai amanhecer e você terá muito trabalho hoje.

– Mas como farei para desarticular esse portal?

– Você saberá. Seus amigos lhe ajudarão.

Mais uma vez o espírito de luz o pega pela mão e os dois retornam para o quarto de Armand, devolvendo seu espírito ao seu corpo físico.

Fechando o Segundo Portal

ARMAND SE LEVANTOU antes de todos, estava ansioso, analisava tudo que havia presenciado no encontro com o preto-velho em seu sono físico. Tentava concatenar seus pensamentos e ideias para saber como agiria para desarticular o próximo portal. Sabia que não poderia ter o apoio físico de seus amigos, precisaria pensar, mas não conseguia achar uma solução. Quase deixou a torrada queimar por causa de seus pensamentos.

– Armand! O que está acontecendo? Que fumaceira é esta? Quer colocar fogo no apartamento? – gritou Jaqueline.

Armand foi acordado de seus devaneios com os gritos da amiga. Assustado tirou o plugue da torradeira da tomada e levou-a para a lavanderia.

– O que houve? Estava longe hein meu amigo.

– Estava mesmo, nem senti o cheiro de queimado.

– O que aconteceu? Você está tenso.

– Estava pensando em algumas coisas que me aconteceram esta noite.

– Você precisa relaxar. – Jaqueline, delicadamente passou a mão pelo rosto de Armand e lhe deu um selinho em seus lábios.

– Não vejo a hora de tudo isso acabar para realmente poder relaxar.

– Mas o que lhe aconteceu esta noite? Conseguiu descobrir alguma coisa em suas pesquisas no sistema da polícia?

– Não. Mas logo que dormi, entrei em desdobramento e encontrei com o preto-velho.

Neste momento Joaquim entrou na cozinha.

– Bom dia a todos! Acho que passei do horário hoje.

– Não passou não mestre, eu que acordei cedo.

– E eu vim ver o que Armand estava tentando fazer na cozinha que quase colocou fogo no apartamento.

– O que houve? – preocupou-se Joaquim.

– Estava longe em meus pensamentos e não me dei conta que a torrada estava queimando.

– Devia estar muito longe – disse Joaquim, indo em direção à mesa para tomar um café.

– Realmente estava – falou Armand.

– E o que lhe preocupa Armand? – perguntou Joaquim.

– Estava contando para Jaqueline o que me aconteceu esta noite.

– Descobriu alguma coisa que nos leve ao próximo portal?

– Descobri, mas não foi pelo sistema da polícia.

– Mas por onde então? – Joaquim parou com o café nas mãos para prestar atenção a Armand.

– Logo quando me deitei, entrei em desdobramento e estive com o preto-velho. – Armand contou tudo o que vira durante seu desdobramento. Jaqueline e Joaquim ouviam atentamente ao amigo. – Porém não consigo encontrar um meio de desarticular esse portal. Não vejo como poderão me ajudar desta vez.

– Da mesma forma que ajudamos da outra, lhe enviando energia positiva para que suas energias não se acabem durante a batalha.

– Mas no outro portal, a Jaqueline pôde me ajudar em loco e neste não vejo como isso será possível.

– Infelizmente acho que neste caso, nós ficaremos aqui ao seu lado lhe emanando boas energias para que possa realizar seu trabalho da melhor maneira possível.

– Estarei do seu lado meu amor e farei de tudo para que consiga atingir seu objetivo – reforçou Jaqueline.

Era a primeira vez que Jaqueline expressava um sentimento real por Armand, ele deixou escapar um pequeno sorriso de satisfação pelo comentário dela, afinal depois do relacionamento que tiveram, ele nunca mais tinha se envolvido a sério com ninguém.

– Bom meus amigos – disse Joaquim. – Diante destas informações, não temos mais no que pensar e sim agir para que isso tudo acabe logo.

– Quando começaremos o ritual? – indagou Armand.

– Faremos o seguinte: vocês dois vão aproveitar esse dia maravilhoso para relaxar e curtir o lindo sol que está lá fora. Enquanto isso eu vou fazendo todos os preparativos. Preciso estar só.

– Mas não é o momento para lazer agora. O tempo está se esvaindo e ainda temos muito trabalho pela frente – protestou Armand.

– Vocês precisam relaxar, preciso dos dois inteiros. Algo me diz que esta batalha vai ser mais difícil que a outra, assim como as próximas que virão, serão cada vez mais complicadas.

– Acho que o mestre está certo Armand. Precisamos espairecer, ou acabaremos cometendo erros devido toda essa pressão que estamos sofrendo.

– Tudo bem, então vou levar você em um passeio que irá repor suas energias.

– Hum! Que misterioso – brincou Jaqueline. – Vou me preparar então.

– Certo, também vou. Leve roupa de banho. – Armand sorriu e conseguiu entrar no clima contagiante de Jaqueline.

– Não se preocupem em voltar para o almoço, eu me viro com qualquer coisa. Preciso de tempo para preparar tudo – Joaquim também sorria, estava cada vez mais claro o envolvimento daqueles dois.

Armand e Jaqueline saíram para curtir um belo dia de sol, por mais que seus pensamentos estivessem voltados à missão que estavam realizando.

– Pra onde vamos? – perguntou Jaqueline empolgada.

– Surpresa – devolveu Armand.

***

Os dois saíram para um passeio em direção a Floresta da Tijuca. A Mata Atlântica cravada no meio da cidade do Rio de Janeiro, é um parque que atrai sempre muitos turistas para sua visitação. O ar neste parque é mais puro, pois o cinturão de mata verde filtra a poluição da grande metrópole, deixando o passeio mais agradável e bem saudável.

Colocaram o carro em um estacionamento dentro do parque e resolveram caminhar pela floresta, sentir o ar puro e colocar o papo em dia, pois nos últimos dias as únicas conversas que haviam tido era como fechar portais e combater os Cavalheiros da Escuridão. Por todo o percurso do passeio, ficaram de mãos dadas e um antigo sentimento começou a renascer entre os dois. Por algumas horas se esqueceram dos problemas, dos portais, e das trevas, apenas aproveitaram a caminhada como dois adolescentes em início de namoro.

– Conheço uma cachoeira aqui bem legal. Vamos tomar um banho? – perguntou Armand.

– Seria excelente, mas não é proibido?

– Ela faz parte de uma área vip do governo que tenho acesso, e nem todos conhecem.

– Se é assim eu topo.

Eles seguiram por uma trilha até a entrada da área reservada a funcionários federais. O local possuía restaurante, área de lazer, piscinas naturais e uma linda cachoeira que derramava suas águas nas piscinas.

Armand e Jaqueline curtiram muito o dia. A cachoeira, as piscinas e um peixe grelhado na hora do almoço fechou o passeio do casal.

Já eram quase três horas da tarde quando Jaqueline resolveu voltar.

– Acho melhor voltarmos, assim teremos um tempo para descansar antes de tudo recomeçar.

– É verdade – concordou Armand. – As energias estão refeitas, mas um descanso antes de recomeçarmos será de vital importância.

***

Joaquim estava na cozinha preparando uma beberagem e um banho com ervas, quando Armand e Jaqueline entraram no apartamento, conversando animadamente.

– Olá mestre! – falou Jaqueline alegremente.

– Pelo visto o passeio foi bem agradável – observou Joaquim.

– Realmente foi ótimo. Conversamos bastante, matamos a saudade do passado e desfrutamos de um dia maravilhoso, como a muito não tinha – confessou a menina.

– Vejo que realmente o passeio lhe fez bem minha filha. – Jaqueline corou de vergonha. – Não precisa ficar tímida, a história de vocês ainda não acabou e você sabe disso. Ela apenas deu uma pausa para um amadurecimento de ambos.

Armand e Jaqueline se olharam, mas nada falaram.

– Bem, estou terminando os preparos e acredito que logo no início da noite já retomamos nossa missão.

– O que está preparando mestre? – quis saber Jaqueline.

– Um banho com ervas e uma beberagem que será utilizada ao fim do trabalho para reposição de energia vital.

– Como iremos realizar o trabalho de hoje? – perguntou Armand.

– Nos mesmos moldes do primeiro, porém desta vez Jaqueline estará ao seu lado lhe doando energia para que tenha sucesso nesta missão.

Jaqueline se animou. Não ficaria de fora desta vez, por mais que fosse só doação de energia, estaria junto a Armand e Joaquim durante todo o ritual.

– Agora vão tomar um banho e descasar um pouco, precisarão de toda energia necessária para o trabalho. Mas não esqueçam. Cada um em seu quarto.

Todos riram do comentário de Joaquim, mas Jaqueline ficou roxa de vergonha.

Às cinco da tarde, o mestre foi acordar seus pupilos, queria iniciar os trabalhos às seis horas, pois é um horário considerado especial para os místicos.

– Vamos pessoal, hora de levantar. Acabei de passar um café e temos muito que fazer.

Armand e Jaqueline se levantaram e foram à cozinha. Não dava para recusar um café fresquinho. – Assim vamos acabar ficando mal acostumados, não é Jaqueline? Com um cafezinho delicioso depois de um belo cochilo à tarde.

– Isso faz parte. Assim vocês despertam mais dispostos e ficam prontos para o longo trabalho que teremos, que é muito importante.

Pontualmente às dezoito horas, os trabalhos começaram. Desta vez Armand se sentou no pentagrama desenhado no quarto que fora preparado para o ritual, as velas acesas, e a concha de abalone com ervas aromáticas, ajudavam na limpeza e na manutenção energética do ambiente. Joaquim pediu para que Jaqueline se sentasse ao lado de Armand, porém do lado de fora do pentagrama. Ali e de mãos espalmadas em direção ao amigo ela deveria ficar com a mente limpa e em oração para doar energia a ele.

Armand já se encontrava em concentração profunda, Joaquim então começou a entoar cânticos para que a energia necessária circulasse no ambiente e a autorização para realização daquele ritual fosse feita pelo astral superior, pois nada era feito sem sua licença.

O consentimento foi dado, as chamas das velas, mais uma vez, aumentavam sua intensidade e tamanho, uma leve brisa tomou conta do ambiente sem que qualquer janela estivesse aberta e aos pouco foi tomando intensidade, logo Armand já entrava em transe. Seu corpo estremeceu e apesar do leve vento, seu rosto se mostrava suado, sua túnica começou a absorver o suor de seu corpo e dar a aparência de molhada. Jaqueline permanecia de olhos fechados, estava concentrada para que nada lhe desviasse a atenção, pois isso poderia colocar tudo a perder.

***

Armand despertou diante da casa onde se localizava o portal. Avistou um número grande de trevosos vigiando o local, mais precisamente o porão. Não fora percebido, pois vibrava em um nível superior. Estava apreensivo, não sabia como faria para desarticular o portal. Ajoelhou-se e começou a orar e pedir ajuda para tal feito. Sentiu que uma transformação se fazia em seu corpo. Uma armadura em seu peitoral com uma cruz que reluzia como o sol e uma espada flamejante surgiu do nada em sua cintura, um sentimento de força e coragem lhe correu o corpo, sentia-se pronto para a batalha. Sem medo adentrou no terreno do imóvel e se encaminhou para o interior da casa, precisava ver como estava Afonso, tinha que garantir sua segurança.

Ao entrar naquele ambiente, alguns trevosos começaram a ficar inquietos, sentiam que alguma coisa estava estranha, mas não conseguiam enxergar o que era.

Armand se aproximou do homem que se encontrava bêbado, sentado em sua poltrona e começou a emanar ondas energéticas de paz e amor. Não demorou muito para Afonso dar um pulo da poltrona, como se tivesse sido curado de seu porre. Assustado começou a procurar por alguém que poderia tê-lo acordado de seu sono embriagado. Chegando mais perto daquele ser perturbado, Armand o intuiu que saísse, pois seria mais seguro estar fora da casa naquele momento.

– Quem falou alguma coisa? Quem está aí? – o homem recém-saído de seu coma alcoólico demonstrava pavor em seus olhos, nunca sentira aquilo, mas preferiu não desobedecer ao que ouvira e logo estava na rua, se encaminhando para longe do seu lar.

O sentimento de desconforto dos trevosos aumentou quando o homem saiu. Realmente alguma coisa estava acontecendo fora dos padrões deles.

– Estranho, tem coisa errada aqui. Aquele verme estava bêbado e de repente se levanta curado da bebedeira e sai porta afora. Temos visita, vamos avise aos outros.

Após a ordem dada pelo chefe daquele contingente, um dos trevosos soa o alarme. Logo a sala estava cheia de seres das trevas à procura de quem teria feito aquilo. Armand ficou apreensivo com a invasão repentina, e sua energia oscilou, tornando-o visível aos inimigos.

– Então ele está aqui. O verme não aprendeu a lição que levou da outra vez, mas desta não se dará muito bem. Este portal está mais bem protegido, nosso contingente é em maior número e seus amigos não poderão ajudá-lo desta vez.

Sem pensar em dialogar, Armand desembainhou sua espada. Ao erguê-la se inflamou e começou a cortar os trevosos que estavam distraídos à sua frente e não esperavam um ataque repentino. Alguns foram caindo e outros surgindo, à medida que um caía dois novos surgiam.

A batalha prosseguiu com Armand se defendendo e atacando. Os trevosos caíam aos montes, mas aos montes surgiam mais, parecia que seria uma batalha sem fim.

No quarto do apartamento de Armand, Jaqueline vibrava intensamente, Joaquim continuava entoando mantras para manter o equilíbrio energético, enquanto Armand se mostrava imóvel.

Na sala da casa de Afonso a batalha continuava, Armand se mostrava mais firme do que no primeiro combate, além de mais concentrado, parecia que os trevosos não teriam chances. Os inimigos continuavam a tombar diante da espada flamejante que Armand ganhara do guerreiro romano. Porém não sabia quanto tempo suportaria aquele combate, apesar de sentir suas energias em pleno vapor, temia que em algum momento ela se esvaísse.

Com movimentos rápidos os trevosos cercaram Armand e pararam de lhe atacar desordenadamente. Neste momento o guerreiro se viu em apuros, pois se todos o atacassem ao mesmo tempo, sabia que não permaneceria de pé facilmente. E, aproveitando a pausa de seus inimigos rogou aos Céus ajuda aos seus protetores, para que não sucumbisse diante do inimigo.

De súbito, um tremor foi sentido por Armand e pelos espíritos das trevas. O véu que separava os dois mundos havia sido rompido. Os trevosos se olharam, o local estava repleto de seres do mal. O chefe daquele exército sombrio deu a ordem:

– Acabem com esse verme.

Quando partiram para cima de Armand, flechas voaram para dentro da sala, derrubando vários oponentes.

Guerreiros com vestimentas medievais adentraram ao ambiente e a batalha continuou. Trevosos eram massacrados sem piedade, alguns guerreiros eram derrubados, o combate era sangrento. Arqueiros indígenas lançaram mais uma chuva de flechas que pareciam certeiras nos seus inimigos. A sala da casa de Afonso estava repleta de corpos astrais sem vida espalhados pelo chão. Mas a batalha não acabara, pois o portal ainda estava ativo.

Armand agradeceu aos dois chefes guerreiros e saiu da sala em direção ao porão, precisava desarticular o portal antes que mais trevosos viessem em ajuda de seus comparsas.

No lado de fora da casa, outro exército de trevosos o esperava, porém esses pareciam mais cruéis e mais capacitados na arte da guerra, desta vez a luta não seria tão simples como a que travara a pouco, mas sabia que não poderia desistir.

A batalha recomeçou no astral, agora do lado de fora da casa. Armand com golpes certeiros derrubava seus inimigos aos montes, mas parecia não diminuir a quantidade de trevosos que protegiam o local. Suas forças estavam diminuindo, a legião de soldados romanos e de guerreiros indígenas, não faziam frente à grande horda de trevosos que protegiam o portal. Se algo não acontecesse rápido, logo todos os Guerreiros da Luz e Armand seriam derrotados, eles estavam acuados, e agora apenas se defendiam, não conseguiam mais contra-atacar os adversários.

Os trevosos já se consideravam vencedores, pois os Guerreiros da Luz já não faziam mais frente às trevas, quando – como por um passe de mágica – o velho espírito se aproximou da casa, acompanhado por uma legião de Guardiões sedentos por justiça e preparados para combater o mal que assolava aquela que agora se transformara em uma pequena legião de seres de luz.

Com golpes certeiros e com grande destreza no manuseio de suas armas, jamais vistas no mundo físico, reverteram a situação e, com pouco tempo de luta, transformaram os milhares de trevosos em prisioneiros e os que resistiram foram eliminados com a justiça divina que os Guardiões estavam acostumados a cumprir.

Mais um portal fora destruído, porém desta vez, Armand não fora ferido brutalmente em batalha, se encontrava esgotado física e mentalmente, mas não fora atingido pela arma do inimigo.

Ele precisava voltar imediatamente ao seu corpo físico para evitar algum desequilíbrio energético que pudesse lhe tirar dos próximos combates. Muito havia a se fazer ainda e eles sabiam que os próximos portais seriam cada vez mais complicados de serem fechados.

Enquanto Armand se despedia de seus amigos, uma equipe de engenheiros e cientistas da Luz, chegavam para remover o maquinário do astral inferior e lacrar de uma vez, mais um portal.

A Batalha Final Estava Chegando

Durante as duas semanas seguintes, as batalhas continuaram e mais dois portais foram fechados, porém algo que não estava nos planos aconteceu.

Ao fecharem o quinto portal, uma baixa na equipe de Armand foi sentida por todos.

Vendo que os planos das trevas estavam ruindo, o inimigo mudou a estratégia. Precisavam conseguir um trunfo que lhes permitissem retomar os portais perdidos ou energia alternativa para conseguirem abrir o portal principal.

Na batalha sangrenta do quinto portal, durante o embate, os seres das trevas, em um descuido de Armand, Joaquim e seus amigos da luz, conseguiram sequestrar a alma de Jaqueline. Enquanto a batalha acontecia, uma equipe bem treinada pelas trevas invadiu a casa de Armand e conseguiram retirar o espírito de Jaqueline de seu corpo físico. Joaquim nada pode fazer, apesar de todos os seus esforços, pois não poderia descuidar do ritual, para não perder Armand e também teria que garantir a integridade física e espiritual de Jaqueline. Mas o ataque foi de surpresa e Joaquim não conseguiu evitar o pior. Agora o espírito de Jaqueline havia sido levado pelos os inimigos da luz.

Ao término da batalha, mais um portal foi fechado. Joaquim trouxe Armand de volta ao corpo, porém este retorno trouxe alguma avaria ao pupilo de Joaquim, pois suas energias haviam sofrido um grande desequilíbrio pela perda de Jaqueline e pelo ataque dos trevosos em sua casa.

Armand ainda não tinha noção dos acontecimentos daquela noite. Suas forças estavam zeradas e precisava descansar para repô-las.

Joaquim estava apreensivo com o que ocorrera com Jaqueline, mesmo fraco energeticamente, precisava ajudar o amigo e tentar resgatar a amiga. Armand se encontrava ainda desacordado no meio do pentagrama, porém estava a salvo. Agora as atenções seriam voltadas para Jaqueline, entretanto nada podia fazer além de colocar o seu corpo desfalecido e sem alma na cama, como se estivesse morta. A única coisa que ligava Jaqueline ao seu espírito era o cordão de prata que só seria cortado após seu desencarne. Mas se nada fosse feito era exatamente isso que ia acontecer, os trevosos sugariam toda a energia da jovem, e ela não resistiria.

O Mestre acomodou a moça para que seu corpo ficasse o mais confortável possível, ajoelhou-se e orou a Deus e a seus guias espirituais pedindo auxílio para resgatarem o espírito de Jaqueline. Ao concluir suas preces, levantou-se e voltou ao quarto onde Armand ainda se encontrava desacordado no meio do pentagrama. Joaquim reanimou o amigo, lhe deu um pouco da beberagem preparada para repor suas energias e o colocou em uma cama preparada no mesmo quarto que o ritual havia sido realizado para que pudesse descansar e recobrar suas forças.

Joaquim teve uma noite longa, não conseguira pregar os olhos, sempre lembrando a imagem do ataque dos trevosos na casa de Armand e de sua amiga desmaiando, após seu espírito ter sido retirado à força de seu corpo físico. Nunca havia presenciado tal acontecimento e tão pouco sabia como isso era possível.

***

O espírito de Jaqueline havia sido levado para um lugar nunca antes visitado por ela. Ao acordar de um transe forçado pelos trevosos, se via agora em uma cela escura, a umidade e o odor forte de enxofre pairava no ar, o sentimento daquele lugar era um misto de sofrimento e desespero. Parecia que as paredes exalavam todo o desgosto do mundo. Os sons que se ouvia naquelas paragens eram murmúrios e gritos de dor. A visão era aterradora, Jaqueline ainda não havia se dado conta de que estava afastada de seu corpo físico, tudo ocorrera muito rápido, ela estava encolhida em um canto da cela, desesperada e chorava copiosamente. De repente, um ser pavoroso, com voz muito rouca e aparência de um monstro tirado de um filme de horror, se aproximou das grades que delimitavam aquela fétida cela e a abriu.

– A menina está assustada? – perguntou o ser asqueroso.

Jaqueline nada respondeu. Apenas tentou se encolher ainda mais, como se aquilo a protegesse ou a deixasse mais longe possível daquela figura aterrorizante. O ser desprezível chegou ainda mais perto dela e bradou com seu hálito fétido.

– A moça tem medo, mas se acha valente para combater as forças das sombras – disse cuspindo as palavras. – Venha o mestre quer vê-la.

Jaqueline não conseguia se mexer, o pavor havia tomado seu corpo e nem um músculo obedecia às ordens vindas daquela criatura horrenda.

– Já mandei se levantar. Está surda? – gritou a criatura e mais uma vez Jaqueline nada fez.

Sem demonstrar muita paciência com sua prisioneira, o carcereiro das sombras puxou a moça pelos cabelos e foi lhe arrastando por um corredor enorme. Ela se debatia para se soltar de seu algoz, porém sem sucesso, o ser trevoso era muito mais forte e estava determinado a levá-la ao seu mestre. Um misto de dor e desespero começou a tomar conta do seu espírito, que não sabia se chorava ou se gritava de dor por ser arrastada por vários metros pelos cabelos em um chão pedregoso, úmido e de cheiro muito forte, que lhe impedia de respirar tranquilamente.

Ao fim do corredor uma enorme porta divisava aquela área. Um grande salão se mostrou diante dos seus olhos que aterrorizada, tentava enxugá-los das lágrimas, para poder melhor visualizar o que lhe esperava. O salão era enorme, alguns trevosos estavam sentados em volta de uma mesa gargalhando e se alimentando de alguma matéria astral fétida; o cheiro embrulhou o estomago de Jaqueline.

O monstro a jogou para dentro do salão e comunicou aos presentes que a prisioneira estava ali.

– Mestre. Aqui está a alma que me pediu para buscar no calabouço.

– Ótimo. Pode se retirar, deixe esta pobre coitada aí.

***

Na casa de Armand, Joaquim orava pela proteção do espírito de Jaqueline. Tentava entender como aquilo havia acontecido sem que pudesse fazer nada, quando fora desperto de suas orações pelo rapaz.

– Mestre o senhor está bem? Cadê Jaqueline?

– Filho, eu estou bem, mas tivemos um problema ontem que precisamos solucionar o mais breve possível.

– O que aconteceu? Estou ficando preocupado.

– O assunto é sério e requer preocupação, mas precisamos agir com cautela.

– O que está acontecendo?

Joaquim relatou o acontecido a Armand, que não se conteve e deixou que lágrimas derramassem de seus olhos.

– O que faremos agora? Como iremos resgatar Jaqueline das garras daqueles trevosos?

– Estava aguardando você acordar para tentarmos um contato com o ancião para sabermos como devemos proceder, não podemos por em risco a vida de Jaqueline, e nem a nossa missão.

– Minha preocupação agora é Jaqueline, a missão que espere, eu não continuarei com nossa busca enquanto não colocá-la em segurança, afinal, fui eu quem a colocou nesta situação.

– A calma é nossa melhor arma neste momento, não podemos agir pela emoção, pois assim botamos tudo a perder.

– A única coisa que tenho a perder agora é a pessoa que amo e não medirei esforços para resgatá-la.

– Não aja como um adolescente Armand, tudo está em jogo e se não conseguirmos fechar o último portal, não conseguiremos resgatá-la.

– Mestre, como o senhor quer que eu lute, se meu coração só tem espaço para Jaqueline?

– Por isso temos que colocar nossos pensamentos em ordem para agirmos com a cabeça e não com o coração, pois este nos prega peças e não nos deixa pensar com serenidade.

Armand se sentou no chão, colocou as mãos na cabeça e tentava controlar suas emoções, mas parecia que estas falavam mais fortes e uma grande dor em seu peito surgiu do nada.

– Onde está o corpo de Jaqueline?

– Está deitado, confortável. Ela se apresenta em um estado catatônico. Como se estivesse em coma.

– Vamos tentar um contato com o preto-velho para ver se ele nos ajuda nesta situação.

Antes de começarem o ritual de incorporação para conversarem com o preto-velho, Armand e Joaquim foram dar mais uma olhada em Jaqueline. O corpo dela ainda estava imóvel em cima da cama, porém estava quente, como se estivesse com febre. Isso deixou os dois mais preocupados. O que poderia estar acontecendo com aquela pobre alma aprisionada por seres que nunca se preocupavam com a ética e com o próximo?

***

Jaqueline se sentia frágil naquela sala enorme, com alguns trevosos a observando como se fosse uma mercadoria. Seu desespero aumentou quando aquele que parecia ser o chefe da legião se levantou e caminhou em sua direção.

– Então seu namoradinho achou que poderia nos derrotar. Pobre coitado, ele não sabe com quem mexeu.

A criatura parecia ter uns três metros de altura, dois grandes chifres que faziam curvas em si mesmo saíam de sua testa. A visão era aterradora, o espírito de Jaqueline tremia compulsivamente, lágrimas corriam de seus olhos; temia ser aquele o seu fim.

– Mas pelo menos ele tem bom gosto, você é muito bonita e servirá para saciar nossos desejos mais profanos.

Uma gargalhada estridente acompanhada por outras gargalhadas sádicas ecoaram naquele enorme salão.

Jaqueline tentou fugir, mas em vão; suas forças estavam à míngua e por mais que conseguisse correr não teria para onde ir.

Quando se deu conta do que iria acontecer, já era tarde para tentar uma resistência. De um só golpe, foi jogada para cima de uma mesa, teve suas roupas arrancadas e os seres trevosos se saciaram de suas energias vitais, através dos atos mais profanos que se possa imaginar.

Depois de satisfeitos, o ser que se apresentava como chefe, chamou o carcereiro para levar o que restara do espírito de Jaqueline de volta ao calabouço. O guarda das trevas a jogou para dentro da cela sem nenhuma delicadeza, a moça caiu já desacordada, porém sua alma ainda estava presa ao seu fio de prata, isso ainda lhe dava esperança de um dia ser resgatada por seus amigos.

***

– Mestre ela está ardendo em febre, não seria melhor chamarmos um médico?

– Sabemos que o problema dela não é físico e neste caso, em nada ele poderia nos ajudar.

Neste momento o corpo de Jaqueline se contorceu na cama, sem ao menos dar sinal de voltar as suas funções normais. Joaquim e Armand a seguraram para que não se machucasse durante a convulsão. Sabiam que não era físico, mas o que acontecera para tal fenômeno ocorrer? Precisavam conversar com o ancião.

Após alguns instantes, o corpo de Jaqueline aquietou-se e tudo ficou calmo, apesar da situação.

– Vamos Armand temos que ajudar Jaqueline e continuarmos nossa missão.

Antes de sair do quarto, Armand deu um beijo na testa de Jaqueline e sussurrou em seu ouvido:

– Meu amor, eu vou lhe buscar nem que seja a última coisa que farei nesta vida.

Armand se levantou apagou a luz do quarto e foi para o outro cômodo onde os rituais eram realizados. Joaquim já o esperava sentado em um banquinho e acendendo uma vela, pedindo proteção e autorização para realização daquele ritual.

Não demorou muito para o corpo de Joaquim estremecer, suas feições mudarem e com uma voz mansa e serena começar a conversar com Armand.

– Fio ta preocupado. Véio não tira a razão de fio.

– Pois é meu pai, como faremos para salvar o espírito de Jaqueline? Esta situação está me consumindo e não consigo pensar em outra coisa a não ser em salvá-la antes que seja tarde.

– Fio, véio já enviou um grupo de Guardiões para negociar com os trevosos a liberação do espírito da moça, mas isso não é tão simples, pois eles querem que liberemos os portais e paremos com os ataques.

– E o que foi dito a eles?

– Não aceitamos as imposições deles, não podemos sacrificar várias almas por causa de uma. Estamos negociando outras coisas para que liberem a fia.

– Então o senhor acha que é melhor sacrificar Jaqueline para evitar uma catástrofe que os próprios seres humanos encarnados criaram, com sua inveja, egoísmo e pensamentos levianos?

– São todos fios de Deus, e não podemos simplesmente abandoná-los porque erraram. Quem já não tomou um caminho errado nesta vida?

– Mas e Jaqueline, vamos deixá-la ser escravizada ou até morta por aqueles seres inescrupulosos? Onde está Deus nesta hora?

– Véio entende o sentimento do fio. A moça é especial, mas o fio precisa colocar os pensamentos em ordem. De nada adianta salvar a fia e deixar que a sombra consiga realizar seus planos, pois nada sobraria, nem mesmo vosmecê e ela.

– E o que vamos fazer? – Armand desabou em lágrimas num choro compulsivo. O ancião posicionou sua mão sobre sua cabeça e emanou energia positiva, buscando acalmar seu coração e trazê-lo de volta à razão.

– O fio confia no véio?

– Claro, se não jamais teria aceitado esta missão, que para os encarnados não passa de loucura.

– Então fio, véio vai dizer uma coisa. Não deixe suas emoções lhe afastarem do Pai, tenha fé naquele que tudo provê e continue com sua missão, que lhe prometo que faremos de tudo para resgatar esta pobre alma.

– E se ao destruirmos o último portal eles matarem Jaqueline?

– Fio, tenha fé que nada lhe faltará. Agora se prepare, pois esse último combate será o mais difícil e o mais importante. Muitas almas dependem da nossa vitória.

– Estarei pronto para a batalha final.

– Véio sabia que a escolha tinha sido acertada e que o fio não ia desapontar. Véio precisa ir, pois há muito que fazer para garantir nosso sucesso nesta missão.

O corpo de Joaquim mais uma vez estremeceu inteiro, uma leve brisa correu o quarto e um cheiro de jasmim perfumou todo o ambiente.

– Mestre! O senhor está bem?

– Vou ficar em poucos minutos.

Armand lhe ofereceu um copo d'água, que Joaquim com a mão ainda trêmula bebeu alguns goles para ajudar a se refazer do desgaste de energia que tivera com a incorporação do ser de luz.

– O que descobriu com o preto-velho?

– Eles estão fazendo o que podem para libertar Jaqueline, ele disse que temos que continuar com a nossa missão, pois muitas almas dependem de nosso sucesso.

– E você como está se sentindo?

– Triste e culpado por tê-la colocado nesta situação, mas devo continuar, pois é a única chance de ver Jaqueline outra vez.

– Então vamos descansar para que possamos localizar o último portal e por fim a esta batalha espiritual.

– Não sei se vou conseguir dormir, vou para o escritório tentar localizar o último portal.

– Eu entendo você e vou lhe fazer companhia. Duas cabeças pensam melhor que uma.

– Obrigado mestre, mas o senhor não está cansado?

– Vou preparar um café bem forte para nós dois. A noite vai ser longa. Vamos encontrar Jaqueline e fechar o último portal.

Armand sentiu uma pontinha de esperança nas palavras do amigo. Os dois se abraçaram e Joaquim foi à cozinha preparar o café enquanto Armand se dirigia ao escritório para começar sua busca.

A noite foi toda de trabalho, já era quase seis horas da manhã quando Armand não resistiu ao cansaço e foi deitar um pouco, relutara o quanto pode, pois sabia que a vida de Jaqueline dependia de seu empenho. Joaquim por sua vez não suportara o cansaço e já estava dormindo.

A Batalha Final

O SOL JÁ ESTAVA ALTO e o calor era intenso, turistas e moradores da cidade aproveitavam o último dia do ano nas praias para se refrescarem e se prepararem para o reveillon que seria o maior dos últimos anos. Muitos turistas vieram para festa, o que praticamente duplicou a população da cidade. Era esperado mais de dois milhões de pessoas na orla de Copacabana e nas praias vizinhas para apreciarem a queima de fogos, que se tornou durante os anos, uma atração turística na cidade do Rio de Janeiro.

Armand despertou com o sol invadindo seu quarto após Joaquim abrir as cortinas, forçando o amigo a se levantar.

– Bom dia! Chega de descanso, temos muito que fazer.

– Que horas são?

– Quase meio dia.

– Nossa dormi demais, queria ter dormido apenas umas duas horas.

– Assim foi bom, se não tivesse refeito suas energias, poderia não suportar esta última batalha que se mostra muito mais difícil que a pior das que já enfrentamos...

– De fato essa luta parece ser a mais complexa de todas – concordou Armand. – Preciso de um banho rápido para despertar e já vou à cozinha para tomar um café e continuarmos nossa conversa.

Joaquim preparava algumas poções secretas quando Armand surgiu na cozinha.

– Preparando suas poções mestre?

– Estou finalizando um banho que lhe dará mais forças e um preparado para queimarmos durante o ritual.

Armand tomou o café reforçado que Joaquim havia lhe preparado e se dirigiu ao escritório. Precisava descobrir a localização exata do próximo portal, não tinha mais tempo para erros ou suspeitas, teria que localizá-lo o mais breve possível. O tempo corria e a previsão para o acontecimento que devastaria àquela cidade seria durante a queima de fogos que anunciava um próximo ano. Tinha que ser preciso, a situação não permitia falhas, a vida de milhares de pessoas estava em risco, assim como a de Jaqueline.

Com muita determinação, Armand começou a revisar todos os casos que ocorreram em Copacabana nos últimos seis meses e que não tiveram solução. A procura foi intensa, até ele se deparar com um caso onde envolvia um Juiz Federal e que, por se tratar de uma autoridade, acabou sendo arquivado por falta de prova.

– Só pode ser esse. – Armand confabulava consigo mesmo. – Esse Juiz só pode ser um membro dos Cavaleiros da Escuridão. Mais um caso onde ele está envolvido e bem parecido com os outros.

– Falando sozinho Armand? – questionou Joaquim.

– Acho que encontrei o último portal, mas ainda não estou convencido.

– Por quê?

– O mesmo Juiz que nos deparamos em outros casos ligados aos portais que fechamos. Só não consigo entender como ele se envolveu com tal artimanha das trevas. Não era um exemplo de magistrado e nunca foi adepto a nenhuma religião, mas se vender assim. Isso é muito pra minha cabeça.

– Enquanto descansavam entre uma batalha e outra, comecei a buscar mais informações sobre os tais Cavaleiros da Escuridão.

– Mas o senhor nunca foi adepto a tecnologia e não tenho livros que trazem esse assunto.

– Não ser adepto, não significa que não sei utilizar, apenas me afastei destas tecnologias à procura de uma vida mais natural e tranquila.

– E o que descobriu sobre esse grupo?

– É um grupo formado por pessoas que querem a todo custo destruir a imagem de Deus e de seu filho Jesus Cristo, mostrando uma face repressora e maléfica, que só existe na mente daqueles que buscam o poder e a impunidade. Não acreditam na existência de Deus, e defendem que, caso Ele exista, é um controlador da vida dos encarnados, evitando assim uma revolta e um perigo a seu reinado.

– Mas isso é um absurdo!

– Eu sei, mas buscam uma desculpa para seus desmandos sem se responsabilizarem com o acerto final. Com isso, aliaram-se com o maior inimigo do bem: a escuridão. E o pior, é que o grupo é formado por uma minoria elitizada, que possui poder e posição social.

– Mas são pessoas cultas, que deveriam ter um discernimento sobre o assunto.

– Mas estão cegas em busca de um falso poder, de uma vida eterna, mas não sabem que após a invasão acontecer serão escravizados igualmente os demais. São pessoas que venderam a alma em troca de sucesso e não enxergam que estão sendo usadas pelas trevas para cumprirem seus objetivos.

– Isso é terrível. Nós colocamos nossas vidas nas mãos dessas pessoas, e acreditamos que lutam por nossas causas.

– Assim é mais fácil, pois podem agir sem levantar suspeitas. Mas o que lhe fez acreditar que esse Juiz esteja envolvido neste caso também?

– Há três meses um grupo de extermínio entrou em uma favela e executaram dez pessoas ligadas ao tráfico de drogas, porém cinco corpos não foram encontrados e o mais curioso é que, segundo testemunhas, esses cinco traficantes não foram assassinados. Mas como se tratava de bandidos de alta periculosidade, a mídia não foi contra o grupo de extermínio e com grande rapidez, o assunto caiu em esquecimento e deram o caso por encerrado misteriosamente. Como não era de nossa alçada acabamos não nos envolvendo. Era um caso que a Polícia Civil estava investigando. Nada chegou à Polícia Federal e como sempre estamos envolvidos em casos maiores, não fomos buscar mais informações. Faltava tempo para sairmos de nossos casos e não dava para tentar solucionar outros que não faziam parte do nosso setor.

– E o que tem esse Juiz a ver com nosso caso e com o último portal?

– Pelo que li aqui, esse Juiz foi o que encerrou o caso e isso num tempo muito curto, o que não é comum. Se juntarmos todas as informações que possuímos, podemos considerá-lo um forte suspeito de pertencer a esse grupo, pois sabemos que eles utilizam de sacrifícios humanos para tais rituais.

– Mas só tivemos a participação dele em dois dos portais fechados. Nos outros não ficou evidenciado que ele tivesse participado de alguma forma.

– Ainda não sei. Mas com certeza deve haver uma explicação e uma ligação com os outros, nem que seja indiretamente.

– Devemos tomar cuidado para não agirmos pela emoção e colocarmos tudo a perder.

– Eu sei mestre, por isso que vou conversar com alguns colegas e ver o que consigo descobrir.

– Faça isso. Vou terminar o que estava fazendo na cozinha e depois vou para o quarto que realizamos os rituais para pedir luz e ajuda do astral para nossa última batalha.

– Falando em última batalha, como procederá se agora estamos lidando não só com o mundo astral, mas com o mundo físico também? – questionou Armand.

– Ainda não sei, mas vou descobrir. Continue as suas investigações no mundo físico que vou buscar informações no mundo espiritual.

Armand pegou o telefone e começou a contatar seus amigos da Polícia Federal à procura de mais informações que pudessem juntar as peças do quebra-cabeça. As horas passavam e a corrida contra o tempo não lhe permitia erros. Armand pensava em Jaqueline e em tudo que seu espírito poderia estar passando na mão dos trevosos.

***

Jaqueline tentava manter-se viva com esperança de que em breve seria resgatada e poderia voltar a ter sua vida novamente. Tentava reunir forças do fundo de sua alma para resistir àquele lugar e a todos as provações que ainda viriam pela frente. Encolhida em um canto de sua cela, orava para Deus lhe pedindo misericórdia, quando foi interrompida pelo carcereiro abrindo as grades. Jaqueline se encolheu mais uma vez em um canto, como se aquilo fosse o suficiente para não ser alcançada por seu algoz.

– Venha comigo agora, não me faça ir buscá-la pelos cabelos outra vez.

Jaqueline não conseguia emitir som algum, o pavor tomara conta de todo seu espírito. Isso fez com que aquela besta fera adentrasse a cela e mais uma vez lhe arrancasse de lá pelos cabelos jogando-a para fora. A jovem tentou esboçar uma fuga, mas em vão. Antes que conseguisse se levantar fora novamente agarrada e arrastada até a sala onde o chefe da legião se encontrava.

– Mestre a moça lutou um pouquinho desta vez, acho que não queria ver o senhor.

– Nos deixe a sós e vá preparar tudo para nossa invasão. A hora está chegando e nossa vitória é certa.

– Certo mestre.

O soldado que cuidava do cárcere de Jaqueline se retirou e foi cumprir as ordens que seu chefe havia lhe dado.

– Então não queria vir me ver. Não gosta mais de mim? Fui tão bom para você da outra vez. Não sentiu saudades?

O pavor de Jaqueline não a deixava concatenar nenhuma frase para expressar seu pavor e suplicar por clemência.

– O gato comeu sua língua princesa? Ou o pavor já tomou conta de seu espírito? – dizendo isso deu uma gargalhada que se fez ecoar por aquele imenso salão, o que deixou a moça ainda mais apavorada.

Jaqueline sabia que teria que lutar contra seus medos, pois já estava beirando à loucura e se isso ocorresse, seria cada vez mais difícil retornar a seu corpo, ou traria consequências irreversíveis. Respirou fundo, reuniu suas forças e começou a lutar contra o pavor que lhe tomava conta.

– Isso tudo já irá acabar e ficaremos juntos para a eternidade. Você será mais uma de minhas escravas, mas antes, precisarei fazer o desligamento do seu corpo físico e isso ocorrerá hoje à noite durante um ritual que abrirá o portal por onde dominaremos o mundo físico. – Outra gargalhada estridente causou arrepios em Jaqueline, mas as palavras a seguir fez com que ela entrasse em desespero: – Agora, vamos nos divertir mais um pouco.

Mais uma vez aquele ser trevoso sugou as energias armazenadas por Jaqueline, através de atos sexuais que para Jaqueline eram intermináveis. Porém cuidou para não esgotá-la, pois seria usada no ritual macabro que abriria o portal principal.

Desgastada e quase sem forças para abrir os olhos, sentiu alguém erguê-la e levá-la de volta a cela.

– Leve-a para descansar e repor suas energias, nós precisamos que ela fique bem para o ritual.

***

Perto das seis horas da tarde, Armand levantou-se de sua cadeira no escritório e foi se encontrar com Joaquim no quarto dos rituais.

– Mestre. Posso entrar?

– Entra fio. – Joaquim estava incorporado com o ser de luz que acompanhara Armand em todas as batalhas.

– O senhor por aqui?

– O fio não queria falar comigo?

– Queria. Quero dizer, quero.

– O véio ta aqui, pode falar.

– Tenho dúvidas sobre esta batalha, pois temos um combate físico e espiritual. Como vamos fazer?

– Véio já esperava por essa pergunta e vai responder ao fio. Se vosmecê lembrar a nossa primeira conversa, o fio perguntou por que o astral não podia resolver esse problema sozinho. E o véio disse que precisávamos de ajuda do mundo físico por causa da energia vital que só os encarnados possuem. Agora chegou a hora de usarmos mais desta energia vital, pois a batalha que se aproxima será realizada no mundo físico e no mundo astral.

– Mas como estarei guerreando no mundo astral e no físico ao mesmo tempo?

– Fio, uma vez lhe disse que os encarnados não conseguem ver o mundo espiritual, pois endureceram seus corações, com tanta ganância, inveja, raiva e promiscuidade e acabaram criando um véu que separa os dois mundos. Mas hoje este véu vem se desfazendo aos poucos e algumas pessoas conseguem vislumbrar o mundo espiritual, por mais que seja pouco, mas conseguem, e isso ajuda a se dedicarem cada vez mais em lutar pelo bem comum.

– Mas o senhor sabe que não tenho este dom.

– Eu sei, mas pela sua bravura e sua dedicação em buscar o bem sem olhar a quem, vou lhe permitir que isso se faça e poderá ver o mundo astral. Não todo o tempo, mas apenas quando for necessário.

– Isso quer dizer que, ao mesmo tempo em que estarei lutando no mundo físico, posso ver a batalha no plano espiritual também?

– Sim. Mas se algum dia usar isso para interferir na vida de seus irmãos ou para se prevalecer de alguma situação, esse dom acabará.

– Não o decepcionarei. Mas não posso usar esse dom para ajudar as pessoas?

– Só se não for interferir no curso normal da vida.

– Como assim?

– O fio não poderá afastar dos encarnados, espíritos obsessores, se eles não mudarem suas atitudes para que possam eles próprios os afastar.

– Mas como eles vão saber que estão sendo o obsediados?

– Aconselhando-os a mudarem suas formas de pensamentos, suas atitudes e a buscarem a caridade, a humildade e o amor ao próximo e assim encontrarem a religação com Deus.

– Mas se isso for impossível, não posso ajudar afastando o obsessor?

– Não. Além do mais, suncê os afasta e logo eles retornam, pois a pessoa em questão continuará vibrando na mesma faixa que seus obsessores. Estes espíritos só conseguem brecha para se aproximarem se permitirem, abaixando vossas vibrações nos mesmos níveis deles.

– Agora compreendi o que o senhor está me explicando. E posso concluir que se interferir nos problemas das pessoas, sem tentar ajudá-las, de maneira que possam ser totalmente resolvidos, eu vou acabar atrapalhando e atraindo para mim inimigos que antes não tinha.

– O fio aprende rápido. Não foi à toa que o escolhemos para esta missão.

Após concluir sua frase, o velho espírito de luz fechou os olhos, esticou a mão sobre o rosto de Armand e faz um sinal em sua testa. O símbolo se iluminou e uma marca foi gravada no corpo espiritual de Armand. Logo em seguida a luz que iluminava o símbolo se apagou e o preto-velho abriu os olhos.

– Agora o fio vai conseguir concluir sua missão.

– E vou conseguir ver o mundo espiritual?

– Vai, quando isso se fizer necessário. E nunca se esqueça, sempre estarei perto para ajudar o fio.

Neste momento Armand abriu os olhos e viu Joaquim sair do transe da incorporação, e o seu velho amigo do astral deixar o corpo de seu mestre.

– Mestre o senhor está bem?

– Sim Armand, eu só precisa de um copo de água e descansar um pouco, desta vez parece que usei mais energia que o normal, além de não me lembrar de absolutamente nada do que foi dito.

Armand esticou a mão e pegou a água em uma moringa de barro que Joaquim sempre mantinha por perto para utilizar no fim dos rituais.

– Descanse, assim que você se recuperar nós conversamos.

Armand colocou seu mestre na cama que havia naquele quarto e se dirigiu para a cozinha.

Pegou um pouco de café, sentou-se em uma cadeira, apoiou os braços na mesa, abraçou a xícara com as mãos e começou a pensar em Jaqueline. Temia pelo futuro de seu grande amor, logo agora que haviam se reencontrado e retomado seu romance do ponto em que haviam parado. Fechou os olhos e com uma fé que ainda não havia sentido em seu coração orou a Deus por sua amada.

Armand estava longe quando Joaquim chegou à cozinha.

– Armand! Você está bem?

– Sim, mestre. Estava pensando em Jaqueline.

– Calma meu amigo, isso tudo está prestes a acabar e tudo ficará bem. Afinal, o que dizem é verdade; no fim tudo acaba bem e se ainda não está bem, é porque não chegou ao fim – tranquilizou Joaquim.

Armand sorriu e o mestre instigou:

– Conte-me o que conseguiu descobrir com seus amigos?

– Conversei com algumas pessoas e obtive respostas interessantes. Informaram-me que esse Juiz já havia participado de alguns acontecimentos estranhos, porém alguma coisa sempre está lhe protegendo que nada se consegue para incriminá-lo. Também fiquei sabendo que ele e um grupo de médicos e empresários irão se reunir para festejar a passagem de ano em um grande hotel na orla de Copacabana. Pesquisei o local nos arquivos da polícia e na internet, e descobri que o hotel possui um salão subterrâneo, que nunca é usado e foi construído para abrigar seus hóspedes no caso de uma guerra ou um ataque nuclear, no período da segunda guerra mundial.

– Interessante.

– Realmente o Juiz e seus amigos têm de alguma forma, ligação com as pessoas que haviam aberto os portais que fechamos.

– Mas como não detectamos a presença do Juiz nestes outros portais?

– Provavelmente outros membros deste grupo realizaram o serviço e como estávamos sempre esperando ver o Juiz envolvido, não nos demos conta dos demais integrantes deste grupo macabro.

– E como faremos para fechar esse portal?

– Essa também era minha dúvida até eu conversar com o preto-velho.

– E o que foi dito? Posso saber ou não tenho permissão?

– Não me foi dito nada que a nossa conversa deveria ficar em segredo e, mesmo que fosse, estamos no mesmo barco e não acho justo omitir nenhum fato do senhor. O que foi me passado, é que esta última batalha será realizada no mundo físico e no mundo espiritual e eu participarei das duas.

– Mas como irá fazer isso?

– O preto-velho realizou um ritual onde me permite ver o mundo espiritual quando se fizer necessário. Assim poderei combater e me proteger nos dois mundos.

– E como fará para entrar na festa e conseguir chegar ao salão subterrâneo?

– Conversei com um informante que me devia uns favores e ele conseguiu um convite para eu participar desta festa.

– E quanto a Jaqueline, descobriu alguma coisa?

– Nada foi dito, mas algo aqui dentro diz que ela sairá dessa e com o fechamento do portal automaticamente conseguiremos resgatá-la.

– Que horas a festa começa?

– O início está marcado para às vinte horas.

– Precisa se preparar, pois já estamos próximo do horário.

– O que faremos?

– Vá tomar um banho que levarei um preparado que jogará em seu corpo após sua higienização.

O jovem se levantou e foi fazer o que o mestre havia lhe pedido. Joaquim foi terminar de preparar o que poderia chamar de banho de descarrego que o rapaz tomaria depois.

– Filho, aqui está o preparado, após se secar, vista esta túnica, pois iremos assim que terminar, realizar um ritual de preparação, onde lhe trará mais força e lhe aproximará mais de seus protetores.

Armand completou todos os rituais preparados para a batalha que em breve se iniciaria. Como sua atuação seria também no mundo material, resolveu pegar alguns brinquedinhos para garantir sua vida: duas pistolas e dois pentes de bala de reserva, para qualquer eventualidade, uma das pistolas era de dardos tranquilizantes. Vestiu seu smoking, pois era o traje que uma festa de gala exigia. Despediu-se de seu mestre e saiu.

***

A caminho do hotel, Armand sintonizou uma estação em seu rádio e por coincidência a música que tocava o fazia lembrar-se de Jaqueline. Um filme de todos os momentos alegres passados juntos, se projetou em sua mente, isso lhe fez ganhar mais forças e tirar sua tensão do momento que se aproximava. Quando se deu conta já estava em frente do hotel e um valet lhe pedia para encostar seu carro.

– O senhor veio para a festa do Juiz Eufrásio?

– Sim.

– Pode deixar seu carro aqui que o estacionamos para o senhor.

– Obrigado.

Armand saiu do carro, tirou seu convite do bolso, fez uma última oração pedindo força e sabedoria e que, se fosse da vontade de Deus, tivesse sucesso em sua missão.

Chegou à portaria entregou seu convite e entrou na festa.

– Bem, preciso me enturmar, não posso parecer nem um penetra e nem um peixe fora d'água – pensou Armand enquanto caminhava entre os convidados.

A festa estava cheia, estavam presentes muitas celebridades, parecia que toda a alta sociedade carioca estava lá. Armand continuou a caminhar pelo enorme salão, tentava se ambientar com o local e localizar o Juiz; acreditava que se o encontrasse poderia tentar identificar os demais componentes do grupo dos Cavaleiros da Escuridão.

O Salão estava todo iluminado, todos os convidados muito bem vestidos, no fundo uma orquestra tocando em um volume agradável espalhava melodia por todo ambiente. Os garçons circulavam entre os convidados, oferecendo canapés e bebidas. Um deles se aproximou de Armand para lhe oferecer um drink.

– O senhor deseja beber alguma coisa?

– Sim. Você tem água? – Armand não ia se arriscar a tomar nada com álcool, precisava da mente lúcida para observar cada detalhe.

– Sim senhor.

– Diga-me uma coisa. Não vejo nosso anfitrião no salão. Ele ainda não chegou?

– Chegou sim, senhor. Ele está logo ali com o doutor Alfred Heinz.

– Quem é ele?

– Um grande cirurgião europeu que veio especialmente da Alemanha para a festa do Juiz Eufrásio.

– Muito obrigado pela informação. – Armand tirou do bolso uma nota de cinquenta reais e colocou no bolso do garçom.

– Obrigado senhor. Precisando de mais alguma coisa estarei à sua disposição.

– Eu agradeço – dizendo isso, Armand se distanciou do garçom e se dirigiu até o Juiz, para cumprimentá-lo pelo evento. – Boa noite Juiz Eufrásio.

– Boa noite... Senhor?

– Armand, meritíssimo. Uma bela festa senhor – disse com naturalidade.

– Obrigado, mas preciso confessar que apenas estou pagando por ela, meus assessores que prepararam tudo, inclusive a lista de convidados. E já pode perceber que não conheço todos.

– Partindo do princípio que foi o senhor que pagou por ela, então é sua. E quer lugar melhor para fazer novos amigos, que em uma festa?

– O senhor tem razão – respondeu o Juiz educadamente. – Se me der licença, também preciso dar atenção aos demais convidados.

– Fique à vontade.

Armand reparou que o Juiz sempre estava cercado de um grupo de pessoas e assistido de perto por seus seguranças. Não podia perdê-lo de vista, pois se estivesse certo aquele seria seu alvo, assim, seguia seus passos por onde ele fosse, porém fora interrompido por um antigo colega de academia que não via há muito tempo.

– Armand?

– Jorge!

– Que bom encontrar uma cara conhecida. Está a serviço ou veio aproveitar a boca livre?

– Vim aproveitar a festa, não é sempre que sou convidado para este tipo de evento. E você?

– Fui designado para auxiliar na segurança do Juiz e estou circulando para ver se tudo está sob controle.

– Bem preciso ir, vou andar pela festa e aproveitá-la. Bom trabalho. – Armand se esquivou, precisava encontrar o Juiz novamente e não o perder mais de vista.

– Boa festa – respondeu Jorge achando a atitude de Armand um pouco estranha.

Armand e Jorge nunca foram grandes amigos, apesar de terem feito a mesma academia de polícia. Armand crescera dentro da corporação enquanto Jorge fora mandado para a fronteira. Ele havia voltado a pouco e buscava um lugar de destaque na Polícia Federal e nada melhor que cuidar da segurança de um Juiz com boa influência e que poderia lhe ajudar em sua escalada.

A festa prosseguia dentro da normalidade, quando às dez horas da noite, Armand notou uma movimentação diferente, entre um grupo composto por oito homens e duas mulheres, que acompanhava o Juiz Eufrásio. Eles reuniram-se em um canto, próximo a uma porta que levava para algum local fora dali, conversaram um pouco e depois deixaram o salão, porém Armand não poderia segui-los, pois dois brutamontes cuidavam daquela saída.

Armand pensou por alguns instantes em como faria para ver o que acontecia, sem ser notado. Resolveu então procurar o garçom que havia lhe atendido e tentar descobrir uma rota alternativa para onde aquela porta dava. Passou o olhar pelo salão e logo o localizou, desviou de alguns convidados e se aproximou do jovem.

– Preciso de uma informação.

– Em que posso lhe ajudar?

– Aonde aquela porta dá?

– Para as escadas!

– E estas escadas levam onde?

– Se subir, para os quartos, mas se descer, para o subsolo do hotel, porém lá só é permitida a entrada de funcionários ou de alguma celebridade que locou o salão inferior.

– E como faço para chegar até o subsolo sem ser por aquela porta e sem chamar a atenção?

– Há um caminho interno que só é utilizado pelos funcionários do hotel. Mas não posso levá-lo lá.

– Preciso que me acompanhe, é um caso de vida ou morte.

– Se acompanhar o senhor, eu posso perder meu emprego, além do mais reparei que há seguranças espalhados pela escada, para evitar que alguém desça.

– Precisa me ajudar, garanto que nada lhe acontecerá.

– Por que acho que vou entrar em uma roubada? – disse o garçom olhando para os lados.

– Fique tranquilo nada vai lhe acontecer, mesmo porque serei muito discreto.

– Terá que passar pela cozinha, porém os seguranças do hotel não permitem a passagem de estranhos por lá. São normas do estabelecimento.

– Terei que dar um jeito.

– Venha comigo, vou te ajudar a passar pelos seguranças, tome esta bandeja aqui e me siga.

Os dois saíram do salão de festas e se encaminharam à área restrita aos funcionários do hotel. Logo na primeira porta que dava acesso ao local, havia um segurança em pé, parado diante da entrada. O garçom o cumprimentou e passou tranquilamente, quando Armand foi passar o homem o barrou.

– O senhor não pode entrar aqui.

Antes que Armand falasse alguma coisa, o garçom se antecipou.

– Ele é garçom novo aqui, estou levando-o para mostrar onde ficam as bebidas.

Em festas de altas sociedades até os garçons se vestiam de smoking, a única coisa que os diferenciava dos convidados era uma faixa vermelha que usavam na cintura. Porém o segurança não teve a perspicácia de reparar se Armand usava a tal faixa e deixou que os dois seguissem.

– Venha comigo que levo você até mais próximo da entrada do salão.

– Obrigado, mas acho melhor você me indicar o caminho e voltar daqui. Não quero que prejudique seu trabalho. Preciso apenas de mais um favor.

– Pode falar.

– Caso eu não retorne até à meia-noite e cinco, quero que ligue para esse número e fale que falhei e preciso de ajuda.

– Mas o que o senhor vai fazer lá embaixo.

– Melhor que não saiba, quanto menos se envolver melhor. Volte agora.

O garçom indicou o caminho que Armand deveria seguir para chegar até o salão subterrâneo, se despediu e voltou para festa.

Armand seguiu para o local indicado com muita cautela, pois sabia que não seria tão simples chegar até lá. Atravessou a cozinha, pegou a escada de serviço e começou a descer. Após o primeiro lance de escadas dois seguranças estavam de prontidão para evitar que qualquer estranho passasse daquele local.

– Pare aí mesmo senhor. Não pode ir adiante. Quem é você?

– Sou convidado da festa e acho que me perdi, estava procurando o banheiro.

– Pegou o caminho errado, o banheiro não é para cá.

– Certo, desculpe incomodar.

– Os guardas se viraram como se não dessem importância para Armand que sacou uma de suas pistolas carregadas com dardos tranquilizantes e, com habilidade de um exímio atirador, derrubou os dois seguranças. A ação daqueles dardos era muito rápida e não tinha intenção de ferir ou matar inocentes.

Pegou um segurança de cada vez pelos braços e prendeu os dois em um armário que os empregados do hotel utilizavam para apoio, quando fossem realizadas festas no tal salão. Retirou a arma dos dois, utilizou algumas toalhas para amarrá-los e amordaçá-los e trancou-os no armário, assim sabia que estavam fora de combate e não atrapalhariam seus planos.

Armand continuou a sua descida, já esperando encontrar mais seguranças pelo caminho, porém para sua surpresa não encontrou mais nenhum. A escada terminava num longo corredor que levava ao salão, conforme o garçom havia lhe informado. Armand seguiu em frente evitando fazer o mínimo de barulho possível para não ser descoberto por mais ninguém. Dera sorte até o momento, pois como era uma área que pouco se utilizava, não era vigiada por câmeras, além do que o sinal seria muito fraco, pois estavam abaixo do nível da rua e aquela era uma região com muitas pedras no solo, dificultando o sinal via rádio que estas câmeras transmitem.

– Devo estar perto agora, só virar ali na frente e chegarei à porta do salão. Preciso me apressar, já são quinze para as onze e tenho que fechar esse portal até à meia-noite, senão tudo estará perdido. – Armand confabulava sozinho, estimulando a si mesmo a seguir em frente.

Ao se aproximar da porta principal do salão, Armand ouviu vozes, imaginava ser de funcionários que cuidavam da entrada do local. Porém ao chegar mais perto, verificou que não eram simples seguranças, mas trevosos vigiando o que deveria ser o último portal. Notou então que a visão que tinha da passagem, não pertencia ao mundo material e, aquelas sentinelas, só estavam no mundo espiritual.

– E agora, como vou fazer para passar pelos seres horríveis que guardam a porta do salão sem ser notado? Será que da mesma forma que eu consigo vê-los eles também podem me ver? – se questionou Armand.

O estado de tensão poderia por tudo a perder, sentia que se tentasse passar seria pego, pois com o estresse a vibração energética dos encarnados costuma baixar e assim, Armand seria facilmente descoberto pelo inimigo. Teria que pensar em algo e rápido, o tempo era seu maior inimigo agora e não poderia colocar tudo a perder.

Armand ajoelhou-se e pediu aos seres de luz lhe ajudassem naquele momento. Ao terminar sua oração, sentia uma serenidade em seu ser, acreditava que poderia passar pelos trevosos sem ser descoberto.

Não tinha mais o que perder, pois se não agisse rápido tudo estaria perdido. Respirou fundo e seguiu adiante; se aproximou da entrada e percebeu que nada aconteceu. Abriu a porta lentamente e por um minúsculo vão, conseguiu entrar no salão sem ser notado pelas pessoas que estavam lá dentro. Escondeu-se atrás de umas caixas próximas à porta. Sua visão era de frente para um altar construído em cima do palco do salão. O local estava iluminado por tochas e velas, porém no palco as luzes utilizadas para shows estavam ligadas, como se fosse para dar maior visibilidade às pessoas que assistiam àquele espetáculo macabro. O local não estava cheio, mas quem lá estava vestia túnica preta com capuz e se posicionavam de frente para o altar fora do palco, como se fossem espectadores. Apenas três pessoas com túnicas vermelhas se dispunham no palco do salão em torno de uma mesa grande que possuía presilhas como se fosse utilizada para prender alguém a ela; mais parecia um local de sacrifício.

Um homem que vestia túnica vermelha começou um discurso que misturava português com uma língua não identificada, muito parecida com o aramaico ou esperanto, mas Armand não era um bom entendedor de línguas para poder identificá-la, nunca se interessou em compreendê-las. À medida que as frases eram ditas, as pessoas de fora do palco, gritavam com satisfação.

Não demorou muito e um homem negro foi levado ao palco. Ele estava acorrentado e completamente despido, tentava desesperadamente se livrar das correntes e dos algozes que o continham. A seguir, o colocaram na mesa e o amarraram a ela através das presilhas. Uma cantoria se iniciou e um dos homens de vermelho pegou uma faca em formato de meia lua, que reluzia com as luzes e cravou no peito do homem negro com um único golpe. O sangue começou a escorrer e, através de uma tubulação posicionada abaixo da mesa, direcionava o sangue da vítima para um grande jarro de vidro. Os espectadores daquele assassinato pareciam em transe e iam à loucura, como se estivessem assistindo um gol de final de campeonato de futebol. Era terrível a cena que Armand presenciava sem nada poder fazer.

Armand identificou o homem que fora sacrificado como um dos traficantes que haviam sumido misteriosamente de uma favela após uma chacina.

Após todo o sangue do seu corpo se esvair, outro integrante do trio de vermelho, pegou uma faca fina e começou a cortar o peito da vítima, aquele instrumento se parecia mais com um bisturi e a pessoa que a operava tinha muita habilidade no seu manuseio. Armand percebeu que o homem que cortava a vítima, era o cirurgião alemão que fora mostrado pelo garçom na festa. Após abrir o peito do agora morto traficante, o médico retirou seu coração e colocou em uma bandeja de prata posta em uma bancada de apoio ao lado da mesa de sacrifícios.

Aquelas imagens deixaram Armand horrorizado por tamanha frieza, porém as pessoas que assistiam o ritual pareciam entorpecidas com aquilo tudo e vibravam, gritando frases demoníacas.

Logo o corpo do traficante foi tirado da mesa e colocado de lado como um pedaço de carne que não seria mais utilizado para nada.

Não demorou muito e mais uma vítima foi trazida para perto da mesa de sacrifício, desta vez era um jovem que aparentava no máximo dezoito anos. Armand não se conteve e com arma em punho deu dois disparos para o alto. As pessoas que estavam próximas a ele correram assustadas como se despertassem de um transe e se acotovelaram para sair pela única porta do salão que levava às escadas de acesso a parte superior do hotel. Os homens que estavam em cima do palco pediram que se acalmassem e alertavam que se tratava apenas de uma pessoa, contra todos que estavam ali, mas isso não foi o suficiente para controlar a debandada.

Apenas os três homens em cima do palco e os dois que traziam as vítimas permaneceram no local. Os dois últimos, que eram seguranças, sacaram suas armas e apontaram para Armand.

O Juiz não se conteve e indagou Armand.

– Acha que é capaz de nos combater? Você está sozinho e nós somos cinco e também estamos armados. Sugiro que se entregue por bem ou fará parte de nossa festinha.

– Não acho ser uma boa ideia, não vim aqui para me entregar e nem para fazer parte de sua "festinha". Vim para acabar com esse ritual macabro e fechar o portal que estão escondendo.

– Não seja tolo, não estamos sozinhos. Você não terá chance alguma. Desista.

– Só desistirei quando não puder mais lutar. E isso não será tão fácil quanto pensa.

Armand usava o diálogo para ganhar tempo e pensar como faria para fechar o portal e ainda sair ileso daquele lugar. Em seguida algo lhe chamou a atenção, elementos que não pertencia aquele mundo. Uma legião de trevosos adentrava no salão, acompanhados de um ser tenebroso, bem parecido com aquele que vira comandar a reunião no salão das profundezas do cemitério, quando esteve naquele local com o preto-velho.

A energia do salão ficou densa, sufocante, Armand deu uma tonteada e quando tentou se recuperar, foi atingido por um golpe de energia emanada pelo chefe daquela legião.

– Esse verme que vinha atrapalhando os meus planos? Se soubesse já tinha me livrado dele há mais tempo.

– Mestre, nós não o esperávamos tão cedo. Pensamos que o senhor viesse junto com a legião quando abríssemos o portal.

– Vim para garantir pessoalmente que não falhariam desta vez seus inúteis.

Os homens se curvaram diante daquela presença maligna, pedindo clemência.

– Nós continuaremos o ritual daqui pra frente. Trouxemos uma peça importante para completar a abertura do portal e concluir a invasão.

Armand tentava se recuperar do baque que sofrera. Sua cabeça ainda doía muito e quando tentou abrir os olhos viu tudo girar ao seu redor, não conseguia ainda concatenar seus pensamentos e nem identificar onde estava. O golpe havia sido tão forte que perdeu a noção de tempo e espaço. O chão era frio e a pouca luminosidade do ambiente lhe causava calafrios e um tremor em sua alma. Ouvia vozes, mas não compreendia o que diziam, era uma mistura de aramaico, esperanto ou alguma outra língua que desconhecia. Homens vestindo túnicas vermelhas com capuzes conversavam na outra extremidade da sala. Sentia apenas que não estava em um lugar seguro. Na boca um gosto de sangue, seu corpo doía, parecia que havia sido atropelado por um trator, mas não conseguia lembrar-se de nada. Tentava unir forças para fixar sua visão e tentar lembrar onde poderia estar.

Ameaçou levantar-se, mais seu corpo não respondia aos seus comandos, estava muito debilitado. Sem forças, tombou a cabeça e logo tudo voltou a ficar preto, tentou permanecer consciente, mas não conseguiria resistir por muito tempo. Olhou mais uma vez em direção àquela besta fera que lhe atingira e viu o espírito de Jaqueline acorrentado como se fosse um animal de estimação sendo puxado pelo seu dono. Aos poucos seus olhos iam se fechando lentamente, lutava desesperadamente para mantê-los abertos, sabia que se os fechasse poderia ser a última vez que faria isso. Não aguentou... seus olhos se fecharam. Tentava manter-se consciente para compreender o que os homens no outro canto da sala falavam, mas logo não ouvia mais nada. De repente, viu surgir à sua frente um clarão, e então, um filme começou a passar em sua tela mental. O encontro com Jaqueline, o momento em que encontrara com o preto-velho no bar, a sua conversa com ele na beira da praia, o reencontro com seu mestre depois de muito tempo. Aquilo parecia lhe dar forças para resistir, buscou, no fundo de sua alma, o resto de energia vital que possuía, a muito custo conseguiu se ajoelhar e como se fosse a última coisa que faria em sua vida, clamou por ajuda ao Criador.

O comandante daquela legião olhou para Armand naquela posição e disparou.

– Aquele imbecil acredita que suas orações o livrarão de seu fim e de toda esta população inútil – desdenhou o maligno. – Você pensa que seu Deus está preocupado com sua vidinha medíocre e deste povo que tanto o decepcionou? Ele virou as costas para vocês, e agora eu me apoderarei de suas almas fracas e inúteis.

Uma gargalhada se fez ecoar, porém foi interrompida repentinamente por um clarão que se fez no salão, assustando a todos os presentes. Armand mesmo com os olhos fechados, teve de cobri-los como se protegendo da enorme claridade que se fez naquele lugar, sentiu um forte arrepio percorrer todo seu corpo que por milagre o fez recarregar suas energias. Abriu os olhos e viu uma legião de espíritos de luz invadir o local comandado pelo velho espírito que lhe acompanhara durante toda a missão a que fora designado.

Eram cavaleiros com espadas flamejantes, que partiam em ataque para cima dos trevosos, guerreiros indígenas lançando suas flechas certeiras em seus inimigos, Guardiões das leis divinas, exímios guerreiros em combate, derrubavam os trevosos sem muita dificuldade.

Já era quase meia-noite, o ponteiro iria dar sua última volta no relógio e um novo ano se iniciaria. Precisava agir rápido.

A batalha era intensa e equilibrada, o comandante da legião trevosa derrubava os seres de luz sem fazer muita força, não havia ali nenhum ser que pudesse fazer frente ao terrível chefe das trevas.

Durante um ataque e outro o ser trevoso ordenou que seus discípulos mortais colocassem o espírito da moça na mesa de sacrifício, pois realizariam um ritual que utilizaria a energia vital daquele espírito encarnado para abrir o portal principal.

A batalha toda era travada no mundo espiritual, porém todos os encarnados que ali se encontravam conseguiam assistir o que acontecia. Desesperados, o Juiz e seus comparsas não deram ouvidos ao chefe daquela legião da escuridão, conseguiram alcançar a porta que dava acesso à escada e fugiram do salão. Armand acompanhava a fuga de longe, mas seu objetivo era libertar Jaqueline das garras daquele monstro.

O ser trevoso que comandava àquela batalha ordenou a quatro de seus lacaios que colocassem a moça na mesa, para que o ritual se realizasse.

Armand procurou um lugar seguro, se deitou, limpou sua mente e com a ajuda do preto-velho que de longe assistia a tudo, conseguiu se projetar no mundo espiritual. Pediu aos Céus que lhe permitisse o uso de suas armas e partiu para o combate.

Sem nenhum plano de ação, correu em direção aos espíritos trevosos que prendiam o espírito de Jaqueline à mesa de sacrifício. O ritual já começara e através de uma máquina jamais vista no mundo material, iam retirando de Jaqueline sua energia vital. Armand se apressou e com um golpe certeiro acertou os dois trevosos que operavam o aparelho. Neste momento, foi atacado pelo outros dois que vigiavam o espírito da moça, mas com grande agilidade fez com que os dois trevosos também tombassem, libertando em seguida o espírito de Jaqueline daquela enorme mesa.

Porém antes que conseguisse falar com Jaqueline, o ser das trevas se virou para Armand e com um olhar de ódio, lançou em sua direção um golpe de energia que o fez ser jogado contra a parede, dando tempo apenas de dizer a ela que voltasse para seu corpo o mais rápido possível, pois estava livre.

O monstro vendo que perdera sua refém partiu em direção a Armand tirando de sua frente os trevosos e os seres de luz com muita facilidade, como se fossem bonecos.

Quando ele já estava bem próximo de Armand os fogos preparados para a festa da virada de ano começaram a estourar, todos pararam de lutar. O portal estava se abrindo, a energia que havia retirado do espírito de Jaqueline havia sido o suficiente para se abrir um portal com menores proporções, mas isso só retardaria a ocupação que, naquele momento, era eminente; em breve todos os trevosos que aguardavam a hora da invasão estariam no mundo físico e tudo seria destruído.

O ser trevoso que partira em direção a Armand, agora estava parado diante de sua presa com ar de superioridade e com um sorriso de vitória estampado em seu rosto tenebroso.

– Está ouvindo esses fogos, verme. É o começo do fim da população desta cidade e daqui partiremos para dominar todo o mundo material. E onde está seu Deus agora? Achou que era capaz de me vencer?

Se achando vitorioso e dono de todas àquelas almas, o chefe da legião se descuidou e o velho espírito em um golpe certeiro, destruiu o altar que emanava a energia para abertura do portal. Um grande estrondo ecoou no mundo astral, o portal pela qual aconteceria a invasão se fechou, aniquilando aqueles primeiros trevosos que começavam a atravessá-lo.

O impacto da energia fez as águas do mar de Copacabana se agitar, as balsas que carregavam os fogos, saíram de suas posições originais e foram estourando sem direção certa, causando muita correria nas areias da praia e nas calçadas próximas, algumas pessoas se feriram, mas a vida de muitos havia sido salva. Os seres trevosos que já se sentiam vencedores foram sugados para as profundezas, os seres de luz voltaram para seus locais de origem, restando apenas Armand e o ancião.

Armand com o impacto na parede fora jogado de volta ao seu corpo físico. Ainda atordoado com o retorno brusco à matéria, tentava se recuperar do desgaste energético. Ao abrir os olhos viu próximo a ele o preto-velho.

– O fio está bem?

– Ainda não sei, mas vou ficar bem.

– Que bom.

– Conseguimos fechar o portal?

– Sim, sim fio, e o mundo espiritual tem uma dívida de gratidão com vosmecê. Agora preciso partir, tenho muito que fazer para colocar tudo em ordem. Fique em paz.

Antes que Armand pudesse falar qualquer coisa, o ancião sumiu diante de seus olhos.

Armand se levantou lentamente e ainda meio atordoado se encaminhou para o salão onde a festa que o Juiz preparara para comemorar a virada do ano e sua vitória, ainda estava acontecendo. Ao chegar à porta do salão viu que um tumulto se formara no meio dos convidados, alguns Policiais Federais estavam presentes. Logo identificou um dos delegados que faziam parte de sua equipe e meio zonzo ainda perguntou o que estava acontecendo.

– Recebemos seu recado e viemos com uma equipe imediatamente para cá. Demos uma busca no hotel e encontramos alguns traficantes que haviam desaparecido depois da chacina, juntamos algumas peças do quebra-cabeça depois que conversamos e acabamos de prender o Juiz Eufrásio e seus comparsas. Desta vez ele não escapa.

– Obrigado por acreditar na minha história.

– Mas por onde andou, está em um estado lamentável.

– É uma longa história que um dia lhe contarei. Agora preciso ir.

– Calma! Você precisa de atendimento médico.

– Não tenho tempo para isso, preciso ir.

– Cuide-se – falou o delegado deixando Armand ir. Em seguida ordenou: – Policiais, levem todos para delegacia, lá veremos o que vamos fazer.

Armand se despediu do delegado pediu ao valet seu carro e seguiu direto para sua casa na esperança de encontrar Jaqueline de volta. Estacionou o carro na garagem e nem se preocupou em fechar a porta. Correu pelas escadas até seu apartamento, entrou em casa e a primeira imagem que viu à sua frente foi Jaqueline sentada no sofá, embrulhada em uma manta tomando um chá.

– Você está salva! Temi tanto não conseguir salvá-la.

– Eu estou bem, ainda um pouco dolorida mais vou ficar bem.

– Mestre, o senhor como está?

– Estou bem também. Parece que conseguimos concluir a missão!

– Sim, conseguimos. – Armand abraçou Jaqueline e a beijou como se nunca tivesse feito isso antes, depois sussurrou em seu ouvido. – Nunca mais a deixarei sair de minha vida.

O sol já começava a dar o ar de sua graça, um novo ano se iniciava e com ele as esperanças dos seres encarnados se renovavam, assim como dos seres do mundo astral, por um povo mais unido e preocupado em ajudar o próximo, independente de credo, raça ou posição social. Fazer o bem, sem olhar a quem.

Armand e Jaqueline foram até a sacada do apartamento apreciar o raiar de um novo dia, cheio de esperança e paz.

– Pensei que nunca mais iria vê-la.

– Eu também já não tinha mais tanta certeza se iríamos nos encontrar de novo nesta vida.

– Mas agora tudo acabou e podemos retomar de onde paramos.

Jaqueline deitou sua cabeça no ombro de Armand para apreciar o nascer do Sol. E ele, ainda se refazendo da última batalha, suspira fundo e afaga os cabelos da amada.

Joaquim observando a cena apaixonada de Armand e Jaqueline, completou:

– E que nosso pai Oxalá nos guie nos caminhos da verdade e da sabedoria, segundo as leis Divinas.

Fim

Dicas de leitura

O TOLO – SONHOS, SINCRONICIDADES E MILAGRES

Dimitrios Papalexis

"Um livro surpreendente que prende a atenção do leitor do início ao fim. Independente da sua crença, essa é uma jornada que vai lhe trazer prazerosos momentos de lazer."

Um bem sucedido advogado vê sua vida ficar de pernas para o ar quando começa a ter sonhos com um morador de rua que ele acredita ser seu tio. Todos acham que ele está ficando louco, ainda mais quando ele decide largar tudo para ir atrás desse tio nas ruas de Nova Iorque. Coisas mágicas acontecerão a Danny quando ele decidir seguir sua intuição: sincronicidades, acontecimentos e milagres ocorrerão. E aí, ele passará a ver a vida de uma perspectiva totalmente diferente.

Pegue carona nessa jornada interior e exterior, onde ele terá de provar a todos e, até mesmo a si próprio que não está louco.